SAVERIO GAETA

PAPA FRANCESCO

La vita e le sfide

SAN PAOLO

Piazza Soncino, 5 - 20092 Cinisello Balsamo (Milano)
www.edizionisanpaolo.it
Distribuzione: Diffusione San Paolo s.r.l.
Corso Regina Margherita, 2 - 10153 Torino

Via Giotto, 36 - 20145 Milano
www.famigliacristiana.it

Supplemento a Famiglia Cristiana di questa settimana
Direttore responsabile: Antonio Sciortino
Settimanale registrato presso il Tribunale di Alba il 7/9/1949 n. 5
P.I. SPA - S.A.P. - D.L. 353/2003 L. 27/02/04 N. 46 - a.1 c.1 DCB/CN

Progetto grafico: Ink Graphics Communication, Milano

ISBN 978-88-215-7915-8

INTRODUZIONE

LA PROFEZIA DI UNA RINUNCIA

Intorno alle 19 di mercoledì 13 marzo 2013, nella Cappella Sistina è risuonato ancora una volta il tradizionale «*Accepto*»: la formula mediante la quale colui che fino a quel momento era il cardinale Jorge Mario Bergoglio, l'arcivescovo di Buenos Aires in Argentina, ha accolto la volontà manifestata dai confratelli, che lo avevano appena eletto come nuovo Papa.

Ha così preso avvio il 266° pontificato della storia. Il più inaspettato, e nel contempo quello che apre scenari inediti e pone sul tappeto interrogativi in parte non ancora definitivamente risolti.

La cronaca delle ultime settimane, pur ormai sulla via di diventare storia, è ancora viva negli occhi e nel cuore di centinaia di milioni di persone. Non soltanto cattolici o cristiani, poiché la voce del Pontefice, che da Roma si dilata fino agli estremi confini della terra, è un solido baluardo di valori e un significativo richiamo anche per tanti che non ne condividono il cammino di fede.

Perciò l'annuncio di Benedetto XVI durante il Concistoro ordinario pubblico per la canonizzazione di alcuni beati, da tempo programmato per lo scorso 11 febbraio nel Palazzo apostolico vaticano, non è stato «un fulmine a ciel sereno» – come lo ha definito il decano del Collegio cardinalizio Angelo Sodano – soltanto per le poche decine di presenti alla cerimonia. In una manciata di secondi la notizia ha fatto il giro del mondo e ha scatenato un contraddittorio di opinioni a ogni livello.

Per la prima volta, secondo gli esperti di Diritto canonico, è stata pienamente applicata una norma che pur ha sempre fatto parte del *corpus* giuridico della Chiesa. Il *Codice* del 1983 così la propone, nel secondo comma del canone 332: «Nel caso che il Romano Pontefice rinunci al suo ufficio, si richiede per la validità che la rinuncia sia fatta liberamente e che venga debitamente manifestata, non si richiede invece che qualcuno la accetti».

E in effetti Benedetto XVI ha utilizzato proprio tali concetti nel suo discorso: «Ben consapevole della gravità di questo atto, con piena libertà, dichiaro di rinunciare al ministero di vescovo di Roma, successore di san Pietro, a me affidato per mano dei cardinali il 19 aprile 2005, in modo che, dal 28 febbraio 2013, alle ore 20.00, la sede di Roma, la sede di san Pietro, sarà vacante». Da quest'ultimo momento, Joseph Ratzinger è formalmente divenuto il primo «Papa emerito» della storia.

Come spiegazione del suo gesto, una sintetica confidenza: «Dopo aver ripetutamente esaminato la mia coscienza davanti a Dio, sono pervenuto alla certezza che le mie forze, per l'età avanzata, non sono più adatte per esercitare in modo adeguato il ministero petrino. Sono ben consapevole che questo ministero, per la sua essenza spirituale, deve essere compiuto non solo con le opere e con le parole, ma non meno soffrendo e pregando. Tuttavia, nel mondo di oggi, soggetto a rapidi mutamenti e agitato da questioni di grande rilevanza per la vita della fede, per governare la barca di san Pietro e annunciare il Vangelo, è necessario anche il vigore sia del corpo, sia dell'animo, vigore che, negli ultimi mesi, in me è diminuito in modo tale da dover riconoscere la mia incapacità di amministrare bene il ministero a me affidato».

Indicativa, per documentare quanto questa decisione fosse nota a pochissimi, l'assenza dalla sala del Concistoro di diversi cardinali che avevano preferito dare seguito ai loro impegni di lavoro, anziché prendere parte a un appuntamento che, per quanto significativo (si riconosceva la santità di alcuni beati, fra cui i martiri di Otranto), sembrava comunque di *routine*. Fra i pochi a conoscerla, oltre al segretario di Stato vaticano Tarcisio Bertone e al segretario particolare Georg Gänswein, c'erano il decano Angelo Sodano (che era stato informato soltanto il giorno precedente), il cardinale Gianfranco Ravasi (chiamato a predicare gli esercizi spirituali di Quaresima nella settimana successiva) e, sembra, il cardinale Marc Ouellet, ricevuto secondo consuetudine nel pomeriggio di sabato 9 nella sua qualità di prefetto della Congregazione per i vescovi.

Una risoluzione sofferta, quella di Benedetto XVI, che non ha sottaciuto il proprio travaglio interiore. Nell'*Angelus* del 17 febbraio, commentando le tentazioni di Gesù nel deserto, ha fatto comprendere di aver avuto il dubbio che questa rinuncia potesse essere una tentazione cui egli stesso veniva sottoposto: «Nelle tentazioni è in gioco la fede, perché è in gioco Dio. Nei momenti decisivi della vita, ma, a ben vedere, in ogni momento, siamo di fronte a un bivio: vogliamo seguire l'io o Dio? L'interesse individuale oppure il vero Bene, ciò che realmente è bene?».

E nell'Udienza generale del 27 febbraio ha spiegato: «In questi ultimi mesi, ho sentito che le mie forze erano diminuite, e ho chiesto a Dio con insistenza, nella preghiera, di illuminarmi con la sua luce per farmi prendere la decisione più giusta non per il mio bene, ma per il bene della Chiesa. Ho fatto questo passo nella piena consapevolezza della sua gravità e anche novità, ma con una profonda serenità d'animo. Amare la Chiesa significa anche avere il coraggio di fare scelte difficili, sofferte, avendo sempre davanti il bene della Chiesa e non se stessi».

Probabilmente questa illuminazione non ha avuto connotazioni soprannaturali, né le caratteristiche di una rivelazione mistica. Ma, altrettanto probabilmente, deve essersi verificata in lui una assoluta certezza interiore, quasi un sigillo divino, riguardo alla bontà di tale sua iniziativa. In caso contrario non si spiegherebbero le forti espressioni nell'*Angelus* del 24 febbraio: «*Il Signore mi chiama a "salire sul monte"*, a dedicarmi ancora di più alla preghiera e alla meditazione. Ma questo non significa abbandonare la Chiesa, anzi, *se Dio mi chiede questo* è proprio perché io possa continuare a servirla con la stessa dedizione e lo stesso amore con cui ho cercato di farlo fino ad ora, ma in un modo più adatto alla mia età e alle mie forze». E altre parole dell'Udienza del 27 febbraio: «Non abbandono la croce, ma resto in modo nuovo presso il Signore crocifisso».

Per qualcuno si è colorato di un tono profetico il riferimento al monte e alla croce (insieme con l'annuncio fatto nella festa della Madonna di Lourdes e al termine della proclamazione di nuovi santi martiri), rileggendo le parole della terza parte del segreto di Fatima, dove suor Lucia narra di aver visto «un vescovo vestito di bianco (abbiamo avuto il presentimento che fosse il Santo Padre) [...] salire una montagna ripida, in cima alla quale c'era una grande croce di tronchi grezzi come se fosse di sughero con la corteccia; il Santo Padre, prima di arrivarvi, attraversò una grande città mezza in rovina e mezzo tremulo con passo vacillante, afflitto di dolore e di pena, pregava per le anime dei cadaveri che incontrava nel suo cammino;

giunto alla cima del monte, prostrato in ginocchio ai piedi della grande croce venne ucciso da un gruppo di soldati che gli spararono vari colpi di arma da fuoco e frecce. [...] Sotto i due bracci della croce c'erano due angeli ognuno con un innaffiatoio di cristallo nella mano, nei quali raccoglievano il sangue dei martiri e con esso irrigavano le anime che si avvicinavano a Dio».

Mentre per qualcun altro ha acquisito il valore di un preannunzio quanto accadde il 28 aprile 2009, durante la sua visita a L'Aquila pochi giorni dopo il devastante terremoto del 6 aprile. Durante l'omaggio alle spoglie mortali di Celestino V, nella basilica di Collemaggio, papa Ratzinger si tolse infatti il pallio pontificio, la striscia di lana bianca a forma circolare che indica la potestà del Buon pastore, e la depositò sull'urna del santo Pontefice passato alla storia per il «gran rifiuto» che fece il 13 dicembre 1294, dopo poco più di cento giorni di regno.

La sintesi più intensa di questi suoi quasi otto anni di pontificato Benedetto XVI l'ha proposta durante l'ultima Udienza generale, riferendosi innanzitutto al momento in cui accettò di assumere il ministero petrino: «Le parole che sono risuonate nel mio cuore sono state: Signore, perché mi chiedi questo e che cosa mi chiedi? È un peso grande quello che mi poni sulle spalle, ma se tu me lo chiedi, sulla tua parola getterò le reti, sicuro che tu mi guiderai, anche con tutte le mie debolezze. E otto anni dopo posso dire che il Signore mi ha guidato, mi è stato vicino, ho potuto percepire quotidianamente la sua presenza».

Quindi ha proseguito: «È stato un tratto di cammino della Chiesa che ha avuto momenti di gioia e di luce, ma anche momenti non facili; mi sono sentito come san Pietro con gli apostoli nella barca sul lago di Galilea: il Signore ci ha donato tanti giorni di sole e di brezza leggera, giorni in cui la pesca è stata abbondante; vi sono stati anche momenti in cui le acque erano agitate ed il vento contrario, come in tutta la storia della Chiesa, e il Signore sembrava dormire. Ma ho sempre saputo che in quella barca c'è il Signore e ho sempre saputo che la barca della Chiesa non è mia, non è nostra, ma è sua. E il Signore non la lascia affondare; è lui che la conduce, certamente anche attraverso gli uomini che ha scelto, perché così ha voluto. Questa è stata ed è una certezza, che nulla può offuscare».

Le ultime parole di congedo, pronunciate dalla Loggia centrale del Palazzo apostolico di Castel Gandolfo, incarnano tutta la sua profonda umiltà: «Sono semplicemente un pellegrino che inizia l'ultima tappa del suo pellegrinaggio in questa terra». Ma rappresentano anche un viatico per il successore, che nella sua difficile missione potrà contare sull'intercessione in cielo del beato Giovanni Paolo II e sul patrocinio in terra della preghiera di Benedetto XVI.

LA BIOGRAFIA

UNA VITA SECONDO I PIANI DI DIO

Una famiglia di emigranti

Bricco Marmorito, frazione di Portacomaro Stazione, poche centinaia di abitanti, dieci chilometri a nord del capoluogo Asti, in Piemonte. Affondano qui le radici familiari paterne di papa Francesco. Siamo nel basso Monferrato, terra di vini celebri, ma che agli inizi del Novecento non era purtroppo in grado di sfamare tutti i suoi figli. «Mi emigro per magnar» era stata la frase di un contadino utilizzata da Edmondo De Amicis, nel libro *Sull'oceano* del 1889, per sintetizzare efficacemente la drammatica realtà dell'emigrazione italiana verso l'America latina.

Una volta ancora, nel gennaio 1929, la faticosa traversata

oceanica depositò nel porto di Buenos Aires l'ennesima famiglia alla ricerca di una vita più dignitosa. Non che la famiglia Bergoglio fosse proprio in miseria: avevano una cascina e gestivano una pasticceria. Ma la sollecitazione dei parenti che già si trovavano in Argentina era risuonata con forza, e il desiderio di ricucire i legami aveva prevalso.

Alla partenza dall'Italia si era in pieno inverno, ma al capo opposto della terra, nell'emisfero meridionale, l'estate era al picco. Il cappotto con il collo di pelliccia che nonna Rosa Margherita Vasallo indossava risultava decisamente eccentrico. Però, nessuna tentazione di toglierselo di dosso: nella fodera del vestito erano nascosti tutti i soldi che lei e il marito Giovanni Angelo avevano racimolato per affrontare il mondo ignoto che attendeva in Argentina loro e il ventiquattrenne figlio Mario Giuseppe Francesco, il papà del futuro Pontefice.

Già nel 1922 tre fratelli di Giovanni Angelo si erano trasferiti a Buenos Aires e avevano avviato un'impresa di pavimentazione stradale. Il palazzo nel quale abitavano lo avevano edificato con le loro mani. Quattro piani, uno per ciascun fratello, e il primo ascensore di tutta la città:

uno spettacolo che attirava la curiosità dei passanti. Ma la crisi economica del 1929-1932 fu devastante anche per loro e li costrinse a chiudere l'attività. Qualche tempo dopo, Giovanni Angelo, che era ragioniere e si occupava dell'amministrazione, aprì un magazzino insieme con uno dei fratelli, per poi spostarsi a lavorare in un'altra ditta.

Nel 1934 Mario Giuseppe Francesco e la futura moglie, Regina María Sívori (figlia di un argentino e di una piemontese), si conobbero nell'oratorio salesiano di Sant'Antonio, nel *barrio* (quartiere) Almagro, dove ambedue andavano a Messa. Il 12 dicembre 1935 si sposarono e il 17 dicembre 1936 nacque Jorge Mario, primo di altri quattro fratelli: i maschi Alberto Horacio e Oscar Adrián, le femmine Marta Regina e María Elena (l'unica ancora in vita).

Fra le mura dell'appartamento nel *barrio* Flores, nella zona centro-occidentale di Buenos Aires, si conservava il gusto di parlare il dialetto piemontese, che il piccolo Jorge Mario assimilò insieme con il dolce idioma spagnolo. In particolare nonna Rosa Margherita gli tenne compagnia nei primi anni della sua vita, quando i genitori erano impegnati in altre attività, e per questo motivo viene tuttora da lui citata come la persona che più è presente nel suo cuore.

Fra i componimenti che si tramandavano a memoria, il canto *Rassa nostrana*, del poeta torinese Nino Costa, che anche papa Francesco è tuttora in grado di recitare. Un testo che si conclude con la consapevolezza del duro destino degli emigrati: «*Ma el pi dle volte na stagiun perdüa / o na frev o un malör del so mesté / a j'incioda ant na tumba patanüa / spersa ant un camp-sant foresté*» (Ma il più delle volte una stagione perduta / o una febbre o un malore legato al suo mestiere / l'inchioda dentro una nuda tomba / sperduta in un camposanto straniero).

La memoria delle radici

Di passaggio in Italia per il Conclave del 2005, riuscirà a recarsi in quei luoghi d'origine. E nel 2010 confiderà: «Mi sono sentito come a casa mia, parlando in piemontese. Ho conosciuto un fratello di mio nonno, i miei zii e i miei cugini. La più grande delle mie cugine ha 78 anni e, quando vado a visitarla, mi sembra come se avessi sempre vissuto lì. La aiuto nei lavori casalinghi, apparecchio la tavola...».

Quest'ultima, Giuseppina Ravedone, ha raccontato che il fratello dell'arcivescovo Bergoglio aveva prenotato un albergo di lusso nel centro di Torino: ma Jorge Mario «non era per niente contento, continuava a dire che in un posto come quello non poteva dormire. Non era il suo posto, anche se il conto lo avrebbe pagato il fratello. Comunque, da quella visita, ogni volta che veniva qui a trovare mio marito, e negli ultimi anni me e altri parenti, andava ospite da un'altra cugina, Carla, che aveva un alloggio grande e che poteva dargli una stanza».

Nei suoi ricordi di bambino, le partite a briscola con il padre, i sabati pomeriggio davanti alla radio con la mamma ad ascoltare le opere liriche, le domeniche con tutta la famiglia allo stadio del San Lorenzo, il club calcistico fondato nel 1908 dal salesiano Lorenzo Massa (da adolescente, oltre al calcio, praticherà anche il basket).

Per questo motivo, ha rivelato, «una delle cose che domando sempre ai giovani padri, in confessione, è se giocano con i loro figli». Poi, al rientro da scuola, una mano in cucina. Dopo il quinto parto, infatti, sua madre restò paralizzata alle gambe. Così, lei preparava gli ingredienti e li sistemava sulla tavola, mentre i figli seguivano le sue istruzioni per combinarli e cuocerli. Un insegnamento utile anche per il futuro, quando Jorge Mario sarà rettore e vescovo, per sbrigarsela da solo.

Dal 1943 al 1948, Jorge Mario frequentò la scuola elementare Antonio Cerviño, dove sono tuttora conservati i registri che attestano i risultati dei suoi studi: «Ottenne sempre la sufficienza nelle diverse materie previste dal programma: aritmetica, geometria, storia, geografia e disegno. Ma all'epoca non c'erano i voti, si era soltanto sufficienti o insufficienti», ha spiegato l'attuale direttrice Efe Roxana Domínguez.

Da Amalia Damonte, un'amichetta di quando avevano intorno ai dodici anni, è giunto un tenero racconto. Un giorno, Jorge Mario le consegnò un foglio sul quale aveva disegnato una bianca casetta dal tetto rosso e le disse: «Questa è la casa che comprerò quando ci sposeremo». Poi aggiunse: «Se non mi dirai di sì, mi farò prete». Lei però non gli rispose e anzi, quando quel disegno finì tra le mani della mamma, i suoi genitori le proibirono di vederlo ancora.

Terminato il ciclo elementare e iniziata la scuola secondaria, intorno ai 13 anni d'età, il padre gli propose di fare qualche lavoretto nella fabbrica tessile dove lui svolgeva l'attività di contabile, in modo da guadagnarsi qualche soldo. Per due anni il ragazzino svolse lavori di pulizia e l'anno successivo collaborò nell'ambito amministrativo. Quindi si iscrisse nell'istituto tecnico-industriale specializzato in chimica dell'alimentazione e cominciò a lavorare dalle 7 alle 13 in laboratorio, partecipando alle lezioni dalle 14 alle 20.

Intanto Jorge Mario continuava a frequentare la sua parrocchia di San José de Flores, dove andava ogni domenica a Messa. Aveva anche un ampio gruppo di amici, fra i quali ci fu anche una fidanzatina, con i quali andava a ballare il tango e la milonga: «Mi piace moltissimo, è qualcosa che mi sale da dentro», ha confidato. I suoi artisti preferiti sono Juan D'Arienzo, Julio Sosa, Astor Piazzolla e Amelita Baltar.

Alla scoperta della vocazione

Nel 1953 aveva quasi 17 anni e la sua fede si era un po' appannata, come spesso accade agli adolescenti. Il 21 settembre, tradizionale giorno della Festa dello studente e memoria liturgica di san Matteo, aveva deciso di fare un salto in chiesa, dove incontrò padre Duarte, un sacerdote che non aveva mai visto prima, ma che gli trasmise la sensazione di una grande spiritualità. Si confessò da lui, e in quei momenti percepì nel cuore la chiamata a diventare sacerdote. «Fu lo stupore di un incontro con qualcuno che ti sta attendendo», ha raccontato in seguito.

La certezza di questa vocazione non ebbe però immediatamente seguito. Per qualche anno, ottenuto il diploma come tecnico chimico, continuò a lavorare in un laboratorio di analisi degli alimenti. A vent'anni, improvvisa, la malattia: una gravissima polmonite. Febbre altissima, tre giorni trascorsi fra la vita e la morte, medici impotenti, poi un'operazione per asportare la parte superiore del polmone destro. Ma furono necessarie dolorose terapie per far tornare la situazione alla normalità. In quel difficile tempo, fra le tante parole di circostanza, la suora che lo aveva preparato alla prima comunione fu l'unica a fargli comprendere il senso di quella sofferenza: «Stai imitando Gesù». Neanche a farlo apposta, il nome della suora era Dolores Tortolo. E alle consorelle pronosticherà in seguito: «Lui salirà molto in alto».

Poco dopo, la decisione di entrare a Villa Devoto, il seminario diocesano di Buenos Aires. Qualche altro mese, e l'11 marzo 1958 avvenne il passaggio al noviziato della Compagnia di Gesù. In famiglia accolsero questa decisione con sentimenti diversificati: il papà fu contento, la mamma decisamente meno, e a lungo sentì la mancanza della sua quotidiana compagnia. La più felice fu la nonna, che proruppe in un «Bene, se Dio ti chiama, che sia benedetto», e poi aggiunse con sano realismo: «Comunque non dimenticare che la porta di casa è sempre aperta e che nessuno ti rimprovererà nulla se cambierai idea».

Aveva da poco compiuto 21 anni e nella Compagnia di Gesù lo attendeva un lungo cammino, prima di poter essere ordinato sacerdote e, ancor più, di poter pronunciare i voti perpetui. Dapprima lo inviarono in Cile per acquisire le basi degli studi umanistici. Nel 1963, di ritorno in Argentina, conseguì la laurea in filosofia presso la Facoltà del collegio Massimo di San Miguel, dove continuò gli studi di teologia, ottenendo anche questa laurea nel 1970. Intanto aveva avuto alcune esperienze di insegnamento: fra il 1964 e il 1965 era stato professore di letteratura e di psicologia nel collegio dell'Immacolata di Santa Fe, nel 1966 aveva insegnato le medesime materie nel collegio del Salvatore di Buenos Aires.

Poco tempo prima di diventare sacerdote visse un momento di grande intensità spirituale, il cui frutto fu un'intensa preghiera che, divenuto cardinale, volle rendere nota, affermando che sarebbe stato pronto a sottoscriverla nuovamente: «Voglio credere in Dio Padre, che mi ama come un figlio, e in Gesù, il Signore, che ha infuso il suo Spirito nella mia vita per farmi sorridere e condurmi così al regno eterno di vita. Credo nella mia storia, che è stata penetrata dallo sguardo d'amore di Dio, il quale, nel giorno della primavera [in Argentina, *nda*], il 21 settembre, mi è venuto incontro per invitarmi a seguirlo. Credo nel mio dolore, infecondo a causa dell'egoismo, nel quale mi rifugio. Credo nella meschinità della mia anima, che cerca di risucchiare senza dare... senza dare. Credo nella vita religiosa. Credo che voglio amare molto. Credo nella morte quotidiana, rovente, dalla quale fuggo, ma che mi sorride invitandomi ad accettarla. Credo nella pazienza di Dio, accogliente, buona come una notte estiva. Credo che papà è in cielo insieme con il Signore. Credo che anche padre Duarte sta lì e intercede per il mio sacerdozio. Credo in Maria, madre mia, che mi ama e non mi lascerà mai solo. E attendo la sorpresa di ogni giorno, in cui si manifesterà l'amore, la forza, il tradimento e il peccato, che mi accompagneranno fino all'incontro definitivo con questo volto meraviglioso che non so come sia, dal quale continuamente fuggo, ma che voglio conoscere ed amare. Amen».

Il 13 dicembre 1969 giunse il momento dell'ordinazione sacerdotale. Finalmente anche la mamma si convinse definitivamente della bontà della sua vocazione e, al termine della cerimonia, si mise in ginocchio davanti a lui per chiedergli la benedizione e baciargli la mano. «Sono Jorge Bergoglio, prete. Mi piace essere sacerdote», risponderà nel 2010, nel libro intervista *El jesuita*, alla domanda su come si presenterebbe dinanzi a un gruppo di sconosciuti.

In quel giorno la nonna gli consegnò una lettera che papa Francesco custodisce nel breviario, con gli auguri che ella aveva voluto riservare a tutti i suoi nipoti: «Abbiate una vita lunga e felice. Però se in qualche giorno il dolore, la malattia o la perdita di una persona amata vi colmeranno di sconforto, ricordatevi che un sospiro dinanzi al Tabernacolo, dove sta il martire più grande e augusto, e un'occhiata a Maria, che si trova ai piedi della croce, potrà far cadere una goccia di balsamo sulle ferite più profonde e dolorose».

Negli anni della dittatura

Nel biennio 1970-71 padre Jorge Mario venne inviato in Spagna, ad Alcalá de Henares, per il periodo conclusivo di probandato. Successivamente fu maestro dei novizi gesuiti a Villa Barilari, professore presso la Facoltà di teologia di San José, consultore della Provincia e rettore del collegio Massimo a San Miguel. Padre José María Sang, allievo di Bergoglio e attualmente impegnato nel medesimo collegio, lo ha descritto come «un professore serio e molto preparato, con un forte orientamento spirituale» e ha sottolineato che «quanti cercano di incasellare il nuovo Papa in categorie come conservatore o progressista perdono di vista il punto focale, poiché questi termini sono politici, non religiosi. Piuttosto, è meglio considerare ciò che Bergoglio ha fatto da quando divenne vescovo: l'attenzione che ha mostrato per i poveri e i senza fissa dimora. Questo è l'approccio dei Gesuiti».

Il 22 aprile 1973 fece la professione perpetua e il 31 luglio 1973 fu eletto per sei anni provinciale dei Gesuiti dell'Argentina. Una calunnia che lo ha periodicamente perseguitato è proprio relativa al tempo in cui era provinciale, nel periodo iniziale della dittatura militare in Argentina (che durò dal 1976 al 1983). L'accusa più grave era di essere moralmente coinvolto nell'arresto di due suoi confratelli, oltre che di aver ostacolato l'azione dei membri più progressisti della Compagnia di Gesù.

Nel giorno della sua elezione al pontificato, è dovuto intervenire il premio Nobel per la pace Alfonso Pérez Esquivel – che fu dirigente in Argentina dell'organizzazione Serpaj (Servicio paz y justicia) – per smentire: «Ci sono vescovi che furono complici della dittatura, ma Bergoglio no», ha detto alla televisione inglese Bbc. E ha proseguito: «A Bergoglio si contesta che non agì adeguatamente per tirare fuori dal carcere due gesuiti. Ma io so con certezza che molti vescovi chiedevano alla giunta militare la liberazione di prigionieri e di sacerdoti, e non veniva concessa».

Con una dichiarazione pubblica, padre Francisco Jalics – il gesuita che, insieme con padre Orlando Yorio (deceduto nel 2000), fu sequestrato per cinque mesi dai militari argentini – ha espresso la sua posizione: «Sono riconciliato con quegli eventi e per me quella vicenda è conclusa. Dopo la nostra liberazione ho lasciato l'Argentina. Solo anni dopo abbiamo avuto la possibilità di parlare di quegli avvenimenti con padre Bergoglio, che nel frattempo era stato nominato arcivescovo di Buenos Aires. Dopo quel colloquio abbiamo celebrato insieme una Messa pubblica e ci siamo abbracciati solennemente».

In una recente intervista, il cardinale Bergoglio ha comunque sottolineato che «il golpe del 1976 lo approvarono quasi tutti, inclusa l'immensa maggioranza dei partiti politici. Se non mi sbaglio, credo che l'unico che non lo fece fu il partito comunista rivoluzionario, anche se, inoltre, è vero che nessuno, o molto pochi, sospettavano quello che sarebbe sopraggiunto. In tutto ciò occorre essere realisti, nessuno deve lavarsi le mani. Io sto attendendo che i partiti politici e le altre corporazioni chiedano perdono come ha fatto la Chiesa: l'episcopato diffuse nel 1996 un esame di coscienza e, nel 2000, pronunciò un *mea culpa* in occasione del Giubileo».

A chiare lettere, in quest'ultima circostanza, i vescovi argentini affermarono all'unisono: «Poiché in diversi momenti della nostra storia siamo stati indulgenti verso le posizioni totalitarie, violando le libertà democratiche che scaturiscono dalla dignità umana. Poiché attraverso azioni od omissioni abbiamo discriminato molti dei nostri fratelli, senza impegnarci sufficientemente nella difesa dei loro diritti. Supplichiamo Dio, Signore della storia, che accetti il nostro pentimento e sani le ferite del nostro popolo. O Padre, abbiamo il dovere di ricordare davanti a te quelle azioni drammatiche e crudeli. Ti chiediamo perdono per il silenzio dei responsabili e per la partecipazione effettiva di molti dei tuoi figli in tale scontro politico, nella violenza contro le libertà, nella tortura e nella delazione, nella persecuzione politica e nell'intransigenza ideologica, negli scontri e nelle guerre, nella morte assurda che ha insanguinato il nostro Paese. Padre buono e pieno di amore, perdonaci e concedi a noi la grazia di rifondare i vincoli sociali e di sanare le ferite ancora aperte nella tua comunità».

Nel 1986 padre Bergoglio si recò in Germania per ultimare la tesi di dottorato, incentrata sul pensiero del filosofo cattolico Romano Guardini, quel medesimo autore che Benedetto XVI ha voluto citare nel suo ultimo discorso da Pontefice, quando il 28 febbraio scorso si è congedato dal Collegio cardinalizio: «La Chiesa non è una istituzione escogitata e costruita a tavolino, ma una realtà vivente. Essa vive lungo il corso del tempo, in divenire, come ogni essere vivente, trasformandosi. Eppure nella sua natura rimane sempre la stessa: il suo cuore è Cristo. [...] La Chiesa si risveglia nelle anime». Un altro dei tanti sottili e misteriosi legami ideali che uniscono gli ultimi due Papi.

Nel suo stemma Gesù e Maria

Il 20 maggio 1992, quando venne reso noto che Giovanni Paolo II aveva firmato la sua nomina come vescovo ausiliare di Buenos Aires, padre Bergoglio non era certamente una figura di spicco a livello ecclesiastico. In quel momento aveva da qualche mese compiuto 55 anni e, dopo essere stato per qualche tempo responsabile del collegio del Salvatore, ricopriva da un biennio l'incarico di direttore spirituale e confessore nella parrocchia affidata ai Gesuiti nel centro di Cordoba, la seconda città argentina per numero di abitanti. «Ha lasciato un'impronta di semplicità e di umiltà», dice padre Angel Rossi, attuale superiore della comunità, «e tutti i nostri parrocchiani lo hanno conosciuto come un uomo di profonda povertà, di moltissima preghiera, culturalmente preparato e con un'intelligenza intuitiva».

Come tutti i Gesuiti, nel momento della professione solenne anche Jorge Mario aveva pronunciato – insieme con i consueti voti di povertà, castità e obbedienza – un quarto voto di speciale obbedienza al Papa, insieme con le promesse di non ricercare posizioni di autorità sia nella Compagnia sia più in generale nella Chiesa e di ascoltare i consigli dei superiori Gesuiti in caso di innalzamento all'episcopato.

Ma l'allora arcivescovo di Buenos Aires, il cardinale Antonio Quarracino, non si lasciò condizionare da queste prescrizioni, riconducibili alla volontà stessa del fondatore dell'Ordine, sant'Ignazio di Loyola. Aveva già in precedenza apprezzato le qualità di Jorge Mario e volle a tutti i costi affiancarlo agli altri due suoi ausiliari, Héctor Rubén Aguer e Rubén Oscar Frassia.

Il gesuita venne a saperlo in una maniera decisamente inconsueta. Il nunzio apostolico in Argentina, l'arcivescovo Ubaldo Calabresi, gli aveva chiesto un incontro per avere qualche opinione riguardo ad alcuni sacerdoti sui quali stava istruendo la pratica per l'eventuale episcopato. Il 13 maggio 1992 si erano visti nella sala d'aspetto dell'aeroporto di Cordoba, in una tappa intermedia del volo che monsignor Calabresi stava facendo da Mendoza a Buenos Aires. Al termine della conversazione su alcuni temi delicati della Chiesa locale, giusto una frase buttata lì: «Ah, un'ultima cosa, lei è stato nominato vescovo ausiliare di Buenos Aires!».

La consacrazione episcopale fu celebrata il 27 giugno dello stesso anno, in una cattedrale affollata dai tanti amici che padre Bergoglio si era conquistato in tutta l'Argentina, particolarmente nelle fasce più povere della popolazione. A imporgli le mani, insieme con l'arcivescovo Quarracino, ci furono il nunzio Calabresi e il vescovo di Mercedes-Luján Emilio Ogñénovich. In quanto ausiliare gli venne assegnata, secondo tradizione, una sede titolare: Auca, nella provincia spagnola di Burgos.

Nel suo stemma, dal fondo blu, campeggia il simbolo della Compagnia di Gesù: il sole attorniato da raggi con impressa all'interno la sigla IHS (il trigramma di san Bernardino da Siena: *Iesus Hominum Salvator*, Gesù salvatore degli uomini) e i tre chiodi della passione. In basso spiccano una stella a sinistra e un fiore di nardo a destra, rispettivamente un rimando a Maria e a san Giuseppe Il motto è «*Miserando atque eligendo*» (Ebbe pietà di lui e lo scelse). Il teologo Inos Biffi, sull'*Osservatore Romano* del 15 marzo 2013, è risalito alla citazione, che proviene da un'omelia nella quale il monaco inglese san Beda il Venerabile (672-735) commenta il nono capitolo del Vangelo di Matteo, quando Gesù vede questo esattore delle tasse e lo chiama a essere suo discepolo.

Ha spiegato monsignor Biffi: «Beda si sofferma a spiegare il senso di quella sequela. Essa significa: "Non ambire le cose terrene; non ricercare i guadagni effimeri; fuggire gli onori meschini; abbracciare volentieri tutto il disprezzo del mondo per la gloria celeste; essere di giovamento a tutti; amare le ingiurie e non recarne a nessuno; sopportare con pazienza quelle ricevute; ricercare sempre la gloria del Creatore e non mai la propria. Praticare queste cose e altre simili vuol dire seguire le orme di Cristo". È il programma di san Francesco d'Assisi: iscritto nello stemma di papa Francesco, intuiamo che sarà il programma del suo ministero, come vescovo di Roma e pastore della Chiesa universale».

In effetti, il cardinale Quarracino aveva avuto buon intuito. Apprezzò talmente l'impegno di Bergoglio da designarlo, dopo soltanto un anno, suo vicario generale per la diocesi di Buenos Aires. E nel contempo, cominciando a percepire un peggioramento nelle proprie condizioni di salute, avviò la pratica per farlo promuovere a coadiutore con diritto di successione, in modo da rendere automatica in futuro la sua elevazione alla guida della diocesi. La nomina a coadiutore avvenne il 3 giugno 1997: anche in questo caso la notizia gli venne data da monsignor Calabresi in maniera del tutto informale, al termine di un pranzo di lavoro, con un brindisi e una fetta di torta. Dopo neanche nove mesi, il 28 febbraio 1998, Quarracino morì di infarto e, secondo quanto era stato preventivato, monsignor Bergoglio ne prese immediatamente il posto.

Un cardinale fra la gente

Il suo stile episcopale fu sin dagli inizi intessuto di umiltà e disponibilità. I sacerdoti diocesani ne conoscevano il numero telefonico diretto e sapevano di poterlo chiamare a qualsiasi ora del giorno e della notte. Se veniva a conoscenza di qualche loro problema o infermità, si attivava per risolvere la situazione al meglio. Si narra che talvolta abbia trascorso la notte al capezzale di qualche parroco gravemente malato per assisterlo personalmente. Ed erano costanti le visite nelle chiese poste sotto la sua giurisdizione per incoraggiare i sacerdoti e far sentire loro la vicinanza del vescovo.

Nel concistoro del 21 febbraio 2001 l'arcivescovo Bergoglio fu creato cardinale da Giovanni Paolo II e, come ogni porporato, ebbe il titolo di una chiesa romana, quella di San Roberto Bellarmino. In tale occasione colpì la sua richiesta ai tanti connazionali che gli avevano espresso l'intenzione di recarsi in Vaticano per rendergli omaggio. Era il momento culminante della terribile crisi economica che condusse l'Argentina al default finanziario e Bergoglio chiese loro di non spendere soldi per il biglietto aereo per Roma, ma piuttosto di donarli ai poveri.

È la medesima sollecitazione che ha proposto in occasione della cerimonia d'avvio del pontificato. Come ha scritto agli argentini il nunzio vaticano Emil Paul Tscherrig: «Il Santo Padre Francesco mi ha chiesto di trasmettere a tutti i vescovi, sacerdoti, religiosi, religiose e a tutto il popolo di Dio la sua sentita gratitudine per le preghiere e le espressioni di affetto, di amicizia e di carità che ha ricevuto. Nel contempo desidera che, invece di andare a Roma, per l'inizio del suo pontificato il prossimo 19 marzo, continuino con questa vicinanza spirituale tanto apprezzata, accompagnandola con qualche gesto di carità verso i più bisognosi».

Anche da cardinale, nessun cedimento alla mondanità o ai privilegi che normalmente si accompagnano a tale dignità. Invece di trasferirsi nella residenza arcivescovile, aveva preferito restare nel bicamere dove utilizzava una stufetta per riscaldarsi, preparandosi da sé la cena. E – al posto dell'auto di rappresentanza con l'autista – gli autobus pubblici e la metropolitana, dove chiunque poteva rivolgergli la parola («Prendo quasi sempre la metropolitana per la rapidità, però preferisco di più l'autobus perché mi piace osservare la strada», ha raccontato). Anche l'abbigliamento era il medesimo di prima: un normale clergyman da buon curato di città. L'abito cardinalizio da cerimonia se l'era fatto riadattare dalla sorella utilizzandone uno del suo predecessore.

L'attentato terroristico dell'11 settembre 2001 contro le Torri gemelle ebbe un risvolto anche sulla decima assemblea del Sinodo dei vescovi, che si celebrò in Vaticano fra il 30 settembre e il 27 ottobre di quell'anno. Il cardinale Edward Michael Egan, arcivescovo di New York, doveva proporre ai confratelli la relazione generale sul tema «Il vescovo: servitore del Vangelo di Gesù Cristo per la speranza del mondo». Ma una cerimonia di omaggio alle vittime di quella strage, organizzata a un mese di distanza dal tragico evento, gli impose di rientrare in diocesi.

Al suo posto fu nominato come relatore aggiunto proprio il cardinale Bergoglio, che in pochi giorni preparò un testo di sintesi molto efficace, decisamente apprezzato dai padri sinodali e che lo portò in un certo senso alla ribalta internazionale. A documentarlo ci fu anche la sua plebiscitaria elezione come rappresentante del continente americano nel Consiglio post-sinodale, un ruolo poi confermato anche nell'undicesima assemblea del 2005. In Vaticano si era perfino pensato di chiamarlo a guidare una importante Congregazione: «Per carità, in Curia muoio», fu la sua secca replica.

Nella relazione che aveva proposto ai padri sinodali veniva fotografata l'immagine del vescovo di cui la Chiesa ha bisogno per compiere la sua missione all'inizio del terzo millennio: «Uomo di Dio in cammino col suo popolo, uomo di comunione e missionarietà, uomo di speranza servitore del Vangelo per la speranza del mondo. Sappiamo che tutto il mondo anela a questa "speranza che non delude" (*Romani* 5,5), perciò il vescovo non può che essere predicatore di speranza che nasce dalla croce di Cristo».

Una pastorale attenta all'uomo

Al rientro a Buenos Aires si trovò a dover alzare più volte la voce con le autorità civili, nazionali e locali, nei mesi caldi delle rivolte popolari contro la crisi economica. Addirittura, il 20 dicembre 2001, assistette dalla finestra del suo studio agli scontri in plaza de Mayo e vide come la polizia caricava inermi cittadini che protestavano per il blocco dei loro depositi bancari a causa del default finanziario. Alzò immediatamente il telefono e chiamò il ministro degli Interni e il responsabile della Sicurezza nazionale per protestare contro il loro atteggiamento, che confondeva agitatori e terroristi con semplici risparmiatori che manifestavano impauriti. E in questo modo ottenne almeno che si smettessero le cariche indiscriminate degli agenti antisommossa.

Subito dopo, mediante la Caritas diocesana, diede avvio a mense popolari e centri di accoglienza per i senzatetto, distribuendo tutti gli aiuti che poteva e recandosi ovunque di persona a portare il conforto e la vicinanza della Chiesa. Nel contempo, sul piano pastorale mostrò il massimo dell'attenzione per l'emergenza educativa che a Buenos Aires si avvertiva con chiarezza. Istituì un vicariato episcopale per l'educazione e spiegò che «il dramma della nostra epoca è che l'adolescente vive in un mondo che a propria volta non è uscito dall'adolescenza. I ragazzi crescono in una società che non chiede loro nulla, non li educa al sacrificio e al lavoro, non sa più cosa sia la bellezza e la verità delle cose. Per questo l'adolescente disprezza la storia passata ed è spaventato dal futuro. Tocca alla Chiesa riaprire i sentieri della speranza».

Perciò chiese ai suoi parroci di rimboccarsi le maniche e di dare spazio alla fantasia. In un'intervista al mensile *30giorni* è partito dall'osservazione sociologica che l'influsso di una parrocchia si limita al raggio di seicento metri e ha quindi raccontato, con umoristico disincanto: «A Buenos Aires ci sono circa duemila metri tra una parrocchia e l'altra. Ho detto allora ai sacerdoti: "Se potete, affittate un garage e, se trovate qualche laico disposto, che vada! Stia un po' con quella gente, faccia un po' di catechesi e dia pure la comunione se glielo chiedono". Un parroco mi ha detto: "Ma padre, se facciamo questo la gente poi non viene più in chiesa". "Ma perché?", gli ho chiesto, "adesso vengono a Messa?". "No", ha risposto. E allora...!».

Alcune volte ha però dovuto fare anche una tirata d'orecchi ai suoi sacerdoti. Per esempio, a qualche parroco che rifiutava il battesimo ai bimbi nati da coppie irregolari, ha replicato: «Il bambino non ha alcuna responsabilità dello stato del matrimonio dei suoi genitori. E poi, spesso il battesimo dei bambini diventa anche per i genitori un nuovo inizio. Di solito si fa una piccola catechesi prima del battesimo, di un'ora circa; poi una catechesi durante la liturgia. In seguito, i sacerdoti e i laici vanno a fare le visite a queste famiglie, per continuare con loro la pastorale postbattesimale. E spesso capita che i genitori, che non erano sposati in chiesa, magari chiedono di venire davanti all'altare per celebrare il sacramento del matrimonio»

Ripensando a un suo antico desiderio, quello di andare missionario in Giappone sulle orme dei primi eroici gesuiti, in un'omelia ha sottolineato: «I sacramenti sono gesti del Signore. Non sono prestazioni o territori di conquista di preti o vescovi. Nella nostra nazione, così vasta, ci sono tanti piccoli paesi o villaggi che è difficile raggiungere, in cui il prete arriva una o due volte all'anno. Ma la pietà popolare sente che i bambini devono essere battezzati il prima possibile, e allora in quei posti c'è sempre un laico o una laica conosciuti da tutti come *bautizadores*, che battezzano i bambini quando nascono. Quando viene il prete, gli portano i bambini perché lui li segni con l'olio santo, terminando la cerimonia. Quando ci penso, mi sorprende sempre la storia di quelle comunità cristiane del Giappone che erano rimaste senza sacerdoti per più di duecento anni. Quando tornarono i missionari, li ritrovarono tutti battezzati, tutti validamente sposati per la Chiesa e tutti i loro defunti erano stati sepolti cristianamente. Quei laici avevano ricevuto solamente il battesimo, e in virtù del loro battesimo avevano vissuto anche la loro missione apostolica».

Il suo chiaro magistero e l'impegno quotidiano nella pastorale hanno reso sempre più autorevole la sua figura fra i vescovi argentini, che, dopo avergli invano chiesto una prima disponibilità nel 2002, lo hanno eletto nel novembre 2005 al vertice della Conferenza episcopale argentina e lo hanno riconfermato come presidente fino al novembre 2011.

Nel 2007, al termine della quinta Conferenza generale dell'episcopato latinoamericano svolta ad Aparecida fra il 13 e il 31 maggio, l'arcivescovo Bergoglio fu anche eletto a grande maggioranza come presidente della Commissione incaricata di preparare il documento finale dei lavori. In ambito ecclesiale si tratta sempre di un incarico di enorme responsabilità, poiché occorre essere dotati nel contempo di acume nell'individuare i punti nodali del dibattito, di pazienza per smussare le asperità che sempre si manifestano, di coraggio per non tralasciare gli aspetti più problematici e provocatori.

Reagendo ad alcune contestazioni sul contenuto di quel testo, il cardinale Bergoglio ha precisato con forza: «Il documento conclusivo, che è un atto del magistero della Chiesa latinoamericana, non ha subìto alcuna manipolazione. Né da parte nostra, né da parte della Santa Sede. Ci sono stati alcuni piccoli ritocchi di stile, di forma, e alcune cose che sono state tolte da una parte sono state rimesse dall'altra; la sostanza, quindi, è rimasta identica, non è assolutamente cambiata. Questo perché il clima che ha portato alla redazione del documento è stato un clima di autentica e fraterna collaborazione, di rispetto reciproco, che ne ha caratterizzato il lavoro, che si è mosso dal basso verso l'alto, non viceversa».

In autobus nella baraccopoli

In ogni caso, i suoi interventi non si sono limitati all'ambito religioso, che pur è sempre stato ovviamente il principale campo d'azione, come documentano le tante omelie e gli autorevoli documenti pastorali che scandiscono gli anni dell'episcopato. Anche in ambito sociale non ha mai lesinato parole forti, in particolare durante il *Te Deum* del 25 maggio di ogni anno, in occasione della festa nazionale argentina, che commemora la rivoluzione del 1810 che avviò il processo di indipendenza del Paese. L'arcivescovo è divenuto così l'ineludibile voce della comunità argentina, sia ecclesiale che civile, e quelle sue omelie, appuntamento fisso di ogni anno, sono state considerate dagli osservatori una sorta di «cattedra civica» per difendere la dignità umana del suo popolo.

Il primo appello, nel 1999, fu rivolto nel contempo al cuore e alla ragione: «Il richiamo alla memoria storica ci chiede di vagliare le nostre realizzazioni più profonde, quelle che non appaiono a uno sguardo rapido e superficiale. Null'altro è stato lo sforzo di questi ultimi tempi per affermare il sistema democratico superando le divisioni politiche, che sembravano una lacerazione sociale quasi incolmabile: oggi si cerca di rispettare le regole e si accetta il dialogo come via di convivenza civica».

Nelle orecchie di molti argentini risuonano ancora le accorate parole rivolte nel 2000 all'allora presidente Fernando de la Rúa: «Dobbiamo riconoscere, con umiltà, che il sistema è caduto sotto un ampio cono d'ombra. l'ombra della diffidenza», e quelle d'incitazione al nuovo presidente Néstor Kirchner nel 2003, quando sollecitò tutti a riprendere la strada «prendendosi la patria sulle spalle». Nel *Te Deum* successivo, il 25 maggio 2004, le dure parole dell'arcivescovo non piacquero a Kirchner e, da quel momento, il presidente evitò accuratamente di incontrare l'arcivescovo. Dopo la sua morte, anche la moglie Cristina Fernandez, che ne ha preso il posto alla Casa Rosada, non è stata risparmiata dagli strali dell'arcivescovo, in particolare nel 2010, a riguardo della legge per il riconoscimento giuridico delle unioni omosessuali, che Bergoglio definì «un tentativo di distruggere i piani divini».

Fra i 45.000 poveri delle *villas miserias*, le baraccopoli di Buenos Aires definite semplicemente con i numeri da 21 a 24, il cardinale Bergoglio è stato sempre di casa. In almeno la metà di queste abitazioni di fortuna è esposta una foto in sua compagnia. L'arcivescovo vi si recava con l'autobus 70, vestito da semplice prete, per celebrare la Messa nell'improvvisata cappella della Vergine di Caacupé. Battezzava, dava la comunione e poi trascorreva qualche ora in semplicità, ascoltando i problemi e cercando un modo per essere d'aiuto.

Agli inizi del 2009, dopo alcune minacce di morte contro padre José María "Pepe" Di Paola (il sacerdote impegnato nella baraccopoli *villa 21*), l'arcivescovo denunciò in un'omelia *«los mercaderes de las tinieblas»*, i mercanti delle tenebre. Subito dopo, più di quattrocento preti di Buenos Aires presero l'iniziativa di firmare una dichiarazione in favore del loro confratello e la presentarono in una conferenza stampa. E, a dimostrazione che le minacce non fanno altro che rafforzare l'impegno, il cardinale decise di istituire un vicariato episcopale per la pastorale delle *bidonville* nella capitale argentina.

In una recente intervista a *La Stampa*, Bergoglio si è espresso con chiarezza: «Tutta l'attività ordinaria della Chiesa si è impostata in vista della missione. Questo implica una tensione molto forte tra centro e periferia, tra la parrocchia e il quartiere. Si deve uscire da se stessi, andare verso la periferia. Si deve evitare la malattia spirituale della Chiesa autoreferenziale: quando lo diventa, la Chiesa si ammala. È vero che uscendo per strada, come accade a ogni uomo e a ogni donna, possono capitare degli incidenti. Però se la Chiesa rimane chiusa in se stessa, autoreferenziale, invecchia. E tra una Chiesa accidentata che esce per strada, e una Chiesa ammalata di autoreferenzialità, non ho dubbi nel preferire la prima».

Nonostante i tanti impegni, il cardinale non ha comunque mai trascurato una certa attenzione al mondo artistico-culturale. A suo favore gioca anche il fatto che gli bastano cinque ore di sonno per notte («mi alzo ogni mattina alle 4 senza necessità di mettere la sveglia», ha svelato), oltre a una quarantina di minuti di *siesta* dopo il pranzo.

L'elenco delle cose che gli piacciono lo ha consegnato agli autori del libro intervista *El jesuita*: il suo quadro preferito è *La Crocifissione bianca* di Marc Chagall (custodito nell'Art Institute di Chicago); per la musica il suo maggior gradimento va all'ouverture *Leonora n.3* e alle sinfonie di Ludwig van Beethoven (ma, ha precisato, nelle versioni dirette da Wilhelm Furtwängler), insieme con le opere di Wagner; come libri privilegia la poesia di Friedrich Hölderlin, *I promessi sposi* di Alessandro Manzoni, la *Divina Commedia* di Dante Alighieri, le opere di Fëdor Dostoevskij e dell'argentino Leopoldo Marechal; al cinema va molto di rado, ma ha apprezzato comunque *Il pranzo di Babette* di Gabriel Axel, *Los Isleros* di Lucas Demare, *Esperando la carroza* di Alejandro Doria, il neorealismo italiano, le interpretazioni di Anna Magnani, di Aldo Fabrizi e dell'argentina Tita Merello.

13 marzo 2013: la fumata bianca

La cattedrale di Buenos Aires appariva stracolma, durante la celebrazione per il Mercoledì delle ceneri del 2013. Era il 13 febbraio e Benedetto XVI aveva comunicato da appena due giorni la propria rinuncia. Al termine dell'omelia del loro arcivescovo, i fedeli presenti hanno avuto un brivido di premonizione. Come di consueto, il cardinale Bergoglio aveva pronunciato parole di speranza e di denuncia. Poi, dopo aver augurato «una santa Quaresima, penitenziale e profonda», si era lasciato andare con voce leggermente esitante a un appello personale: «Per favore, vi chiedo di pregare per me».

Il biglietto per Roma lo aveva già acquistato e, come data per il rientro, aveva indicato sabato 23 marzo, in modo da poter essere in diocesi per la Messa della Domenica delle palme. Ma, riprendendo una frase scritta da Angelo Roncalli prima del Conclave del 1958, anche lui cominciava a percepire «un gran movimento di farfalle intorno alla mia povera persona».

Nel diario di un cardinale elettore si legge, a proposito di Jorge Mario Bergoglio: «Lo guardo mentre va a deporre la sua scheda nell'urna, sull'altare della Sistina: ha lo sguardo fisso sull'immagine di Gesù che giudica le anime alla fine dei tempi. Il volto sofferente, come se implorasse: Dio, non mi fare questo». Contrariamente a quanto potrebbe sembrare, queste parole non sono però state scritte negli scorsi giorni, bensì otto anni fa, durante il Conclave dell'aprile 2005.

Già in quella circostanza, l'arcivescovo argentino era stato l'unica reale alternativa a Joseph Ratzinger. Le quattro votazioni videro focalizzarsi su queste due personalità l'attenzione dell'intero Collegio cardinalizio. Dopo una partenza con 47 voti per Ratzinger e 10 per Bergoglio, al secondo turno passarono rispettivamente a 65 e a 35 preferenze. Addirittura la terza votazione vide ben 112 cardinali su 115 votare per uno dei due (72 per Ratzinger e 40 per Bergoglio). Nell'intervallo del pranzo il cardinale di Buenos Aires chiese a quanti lo sostenevano di far convergere i propri voti sul prefetto della Congregazione per la Dottrina della fede. Così fu: con 84 voti venne eletto Benedetto XVI, mentre su Bergoglio confluirono comunque ancora 26 preferenze.

I cardinali hanno la memoria lunga. Riuniti in un inedito

Conclave, con il predecessore ancora in vita, le tante ipotesi giornalistiche hanno dovuto fare i conti con la realtà, che era stata ben sintetizzata dal cardinale decano Angelo Sodano nell'omelia della Messa *pro eligendo Pontifice*. La preghiera innalzata affinché il Signore concedesse «un Buon Pastore», dotato dell'«amore che spinge i Pastori della Chiesa a svolgere la loro missione di servizio agli uomini d'ogni tempo, dal servizio caritativo più immediato fino al servizio più alto, quello di offrire agli uomini la luce del Vangelo e la forza della grazia», aveva spinto più d'uno a rivolgere lo sguardo verso il cardinale Bergoglio.

Quattro votazioni senza esito positivo. Poi, alle 19.06 del 13 marzo, uno sbuffo bianco dal comignolo sulla Sistina ha annunciato l'elezione del nuovo Papa, Jorge Mario Bergoglio: primo gesuita sulla Cattedra di Pietro, primo Pontefice del continente americano, primo extraeuropeo dopo quasi dodici secoli (l'ultimo fu il siriano Gregorio III nel 731). «Macché risicata, è stata una grande maggioranza, direi stragrande», ha risposto il cardinale Giovanni Battista Re a un cronista che lo interrogava sulla quantità delle preferenze attribuite a Bergoglio.

Non mi sembra sia stato adeguatamente notato, ma la

sequenza di elezioni del 2005-2013 e di quelle dell'agosto-ottobre 1978 hanno un significativo tratto in comune. In ambedue le circostanze, nel secondo Conclave, chi è entrato Papa ne è uscito cardinale, come recita un vecchio detto che, secondo l'autorevole storico Ambrogio Piazzoni, si è mostrato veritiero nel 90% dei casi. Nel 1978 lo scontro senza esito positivo fra i candidati italiani Giuseppe Siri e Giovanni Benelli condusse alla «sorpresa Wojtyla», che però in realtà sin dalla precedente tornata si era messo in luce come un possibile *outsider*. Nel 2013 i quotatissimi Angelo Scola e Marc Ouellet hanno dovuto cedere il passo a chi, nel Conclave che elesse Ratzinger, lo aveva quasi affiancato in *pole position*.

Pochi minuti prima della «fumata bianca», il medesimo cardinale Re aveva avuto il compito di rivolgere al neoeletto la domanda su quale nome avesse scelto e si era sentito rispondere: «Francesco». Tralasciando il caso di Giovanni Paolo I, da esattamente 1.100 anni non c'era un nuovo nome nella sequenza dei Pontefici: occorre risalire al sabino Landone, che venne eletto nel 913. E nessuno mai aveva assunto finora il nome del patrono d'Italia, nei quasi ottocento anni trascorsi dalla sua morte, nonostante ci siano stati ben quattro Pontefici francescani. È curioso anche annotare che l'ultimo Papa proveniente da questo Ordine, Clemente XIV, abolì nel 1773 la Compagnia di Gesù (l'Ordine di appartenenza di papa Francesco), cedendo alle pressioni delle grandi potenze europee.

Sulle motivazioni di tale scelta («Ciò rafforza il mio rapporto spirituale con questa terra dove ci sono le origini della mia famiglia», ribadirà nel primo *Angelus* del 17 marzo), la risposta è venuta dal diretto interessato che, incontrando i giornalisti il 16 marzo, ha narrato: «Alcuni pensavano a Francesco Saverio, a Francesco di Sales, anche a Francesco d'Assisi. Io vi racconterò la storia. Nell'elezione, avevo accanto a me l'arcivescovo emerito di San Paolo e anche prefetto emerito della Congregazione per il Clero, il cardinale Claudio Hummes: un grande amico, un grande amico! Quando la cosa diveniva un po pericolosa, lui mi confortava. E quando i voti sono saliti a due terzi, viene l'applauso consueto, perché è stato eletto il Papa. E lui mi abbracciò, mi baciò e mi disse: "Non dimenticarti dei poveri!"».

Ha proseguito papa Francesco: «E quella parola è entrata qui: i poveri, i poveri. Poi, subito, in relazione ai poveri ho pensato a Francesco d'Assisi. Poi, ho pensato alle guerre, mentre lo scrutinio proseguiva, fino a tutti i voti. E Francesco è l'uomo della pace. E così, è venuto il nome, nel mio cuore: Francesco d'Assisi. È per me l'uomo della povertà, l'uomo della pace, l'uomo che ama e custodisce il creato; in questo momento anche noi abbiamo con il creato una relazione non tanto buona, no? È l'uomo che ci dà questo spirito di pace, l'uomo povero».

I primi passi del pontificato

Ai cardinali che lo avevano appena eletto, si è rivolto sorridendo con un sonoro: «Dio vi perdoni ciò che avete fatto». Poi si è vestito con l'abito bianco e ha modificato alcune consuetudini: ha rifiutato la mozzetta rossa che il cerimoniere gli aveva porto, non ha voluto cambiare la propria croce episcopale di ferro con una d'oro e ha ricevuto in piedi l'atto di omaggio dei confratelli. Per lui è la sostanza che conta, più dell'esteriorità: «Il problema non è se indossi la talare o meno, ma se ti rimbocchi le maniche per lavorare per gli altri», disse a un suo neo-sacerdote.

Quindi, alle 20.22, è uscito sulla loggia centrale della basilica di San Pietro per il primo incontro con i fedeli, ai quali alle 20.12 il cardinale protodiacono Jean-Louis Tauran aveva già annunciato il nome dell'eletto.

Molteplici i gesti che hanno colpito al cuore le decine di migliaia di persone che avevano intanto affollato piazza San Pietro e i milioni che stavano seguendo l'evento dalla televisione. Per iniziare, un saluto "normale": «Fratelli e sorelle, buonasera!»; quasi come *péndant* a quel «Buonanotte» con il quale Joseph Ratzinger si era congedato dai fedeli prima di chiudersi nel nascondimento.

Subito dopo, un riferimento al suo predecessore: «Voi sapete che il dovere del Conclave era di dare un Vescovo a Roma. Sembra che i miei fratelli cardinali siano andati a prenderlo quasi alla fine del mondo, ma siamo qui... Vi ringrazio dell'accoglienza. La comunità diocesana di Roma ha il suo Vescovo: grazie! E, prima di tutto, vorrei fare una preghiera per il nostro Vescovo emerito, Benedetto XVI. Preghiamo tutti insieme per lui, perché il Signore lo benedica e la Madonna lo custodisca». Dalla piazza, una risposta all'unisono, che ha mostrato la gratitudine del popolo di Dio per aver potuto contare, per otto anni, sulla sicura guida magisteriale di papa Ratzinger.

Quindi, una vigorosa sollecitazione: «E adesso, incominciamo questo cammino: Vescovo e popolo. Questo cammino della Chiesa di Roma, che è quella che presiede nella carità tutte le Chiese. Un cammino di fratellanza, di amore, di fiducia tra noi. Preghiamo sempre per noi: l'uno per l'altro. Preghiamo per tutto il mondo, perché ci sia una grande fratellanza. Vi auguro che questo cammino di Chiesa, che oggi incominciamo e nel quale mi aiuterà il mio cardinale vicario, qui presente, sia fruttuoso per l'evangelizzazione di questa città tanto bella!».

Ma, prima di impartire la solenne benedizione *Urbi et orbi* (alla città di Roma e al mondo intero), papa Francesco ha fatto un'inedita richiesta: «Vi chiedo un favore: prima che il Vescovo benedica il popolo, vi chiedo che voi preghiate il Signore perché mi benedica: la preghiera del popolo, chiedendo la benedizione per il suo Vescovo. Facciamo in silenzio questa preghiera di voi su di me». Il rumoroso vocio si è improvvisamente chetato e sulla piazza si è come sentita aleggiare una sensazione di pace e la certezza dell'assistenza divina.

Le prime uscite pubbliche, per venerare l'icona della

Madonna *Salus populi romani* in Santa Maria maggiore e per visitare in ospedale il cardinale Jorge María Mejía, e i primi discorsi del pontificato, ai cardinali e ai giornalisti, segnano l'avvio di un itinerario luminoso per la Chiesa.

Le tracce del suo progetto pastorale, che ha disseminato in questi interventi, appaiono chiare. «Camminare sempre, alla luce del Signore; edificare la Chiesa; confessare Gesù Cristo» è la triade che ha indicato ai cardinali, utilizzando subito dopo parole forti: «Quando non si confessa Gesù Cristo, mi sovviene la frase di Léon Bloy: "Chi non prega il Signore, prega il diavolo". Quando non si confessa Gesù Cristo, si confessa la mondanità del demonio». E ai giornalisti ha ricordato che «la Chiesa esiste per comunicare la Verità, la Bontà e la Bellezza "in persona"».

Ma ha anche confidato di desiderare «una Chiesa povera e per i poveri». E, nel primo *Angelus*, ha invitato a non dimenticare mai che «il volto di Dio è quello di un Padre misericordioso, che sempre ha pazienza. Dio mai si stanca di perdonarci: il problema è che noi ci stanchiamo di chiedergli perdono. E, da Lui, anche noi impariamo a essere misericordiosi con tutti».

Nel saluto alla moltitudine accorsa, nella serata del 13

marzo, in piazza San Pietro per ascoltare dal vivo l'annuncio del nuovo Pontefice, Francesco ha scherzato sul fatto che i confratelli cardinali sono andati a prenderlo «quasi alla fine del mondo». Un'espressione che ha fatto tornare alla mente le parole di Giovanni Paolo II, quando invece, nella simile circostanza del 16 ottobre 1978, disse che lo avevano chiamato «da un Paese lontano».

In fondo, non è altro che il compimento dell'invito di Gesù affinché gli apostoli fossero suoi testimoni «sino ai confini della terra». E ora, da questi confini, tornano a Roma – nel cuore della cristianità, in quanto irrorata dal sangue dei martiri Pietro e Paolo – per far rifiorire la «buona notizia» del Vangelo nel cuore del mondo.

IL PENSIERO

VARCARE LA SOGLIA DELLA FEDE

Fra i caposaldi del pensiero teologico e dell'impegno pastorale del cardinale Jorge Mario Bergoglio, oggi papa Francesco, ci sono due temi: incontro e unità. Se ad affermarlo è il rabbino Abraham Skorka, rettore del Seminario rabbinico latinoamericano di Buenos Aires, c'è da credergli. Con la precisazione però che non si tratta di un astratto intendimento, bensì di «uno stato di armonia fra gli uomini nel quale ciascuno, con le proprie peculiarità, coopera per la crescita materiale e spirituale dell'altro, ispirato da un sentimento di amore».

Ed è indicativo che tale dichiarazione si trovi nell'introduzione a un libro del cardinale scritta proprio dal professor Skorka, che con tono divertito annota: «Per quanto ne so, questa dovrebbe essere la prima volta, in duemila anni di storia, che un rabbino presenta le riflessioni di un sacerdote cattolico. Per di più se costui è l'arcivescovo di Buenos Aires, primate dell'Argentina e cardinale creato da Giovanni Paolo II».

Nel contempo papa Francesco ha ben chiaro quale sia l'opzione basilare della Chiesa nel suo impegno di evangelizzazione: «Non è diminuire o togliere prescrizioni o rendere più facile questa o quest'altra cosa, ma piuttosto uscire in strada a cercare la gente, conoscere le persone per nome. E non soltanto perché questa è la sua missione, uscire per annunciare il Vangelo, ma anche perché non farlo le produce un danno. A una Chiesa che si limita ad amministrare il lavoro parrocchiale, che vive rinchiusa nella sua comunità, succede la medesima cosa che a una persona segregata: si atrofizza fisicamente e mentalmente. O si deteriora come un appartamento murato, dove si espandono la muffa e l'umidità».

Per dare avvio nella sua diocesi di Buenos Aires all'Anno della fede, il cardinale Bergoglio propose ai suoi fedeli una lettera, non casualmente datata 1° ottobre 2012, festa di santa Teresa del Bambino Gesù, patrona delle missioni. Prendendo spunto dal titolo del documento di indizione *Porta fidei* (La porta della fede), l'arcivescovo iniziò in modo singolare, parlando della porta chiusa «simbolo del nostro tempo, una realtà esistenziale che caratterizza uno stile di vita, un modo di definirsi di fronte alla realtà, di fronte agli altri, di fronte al futuro». Al contrario «l'immagine della porta aperta è sempre stata il simbolo della luce, dell'amicizia, dell'allegria».

Dunque occorre «varcare la soglia, fare un passo che è il segno di una decisione intima e libera, per convincerci a entrare in una vita nuova». E «si attraversa la porta della fede, si varca la soglia quando il Verbo di Dio è annunciato e il cuore si lascia plasmare dalla Grazia che lo trasforma. Una grazia che porta un nome concreto: Gesù. Gesù è la porta (*Giovanni* 10,9). Lui, e lui solo, è e sarà sempre la porta. Senza Cristo non c'è strada che conduca a Dio. Come porta ci apre la strada per arrivare a Dio, e come buon pastore è l'unico che si prenda cura di noi a costo della propria vita».

Varcare la soglia della fede significa allora «scoprire che, se oggi sembra che regni la morte nelle sue varie forme, [...] noi siamo assolutamente convinti che questa triste realtà può e deve cambiare», «non vergognarsi di avere un cuore come quello di un bambino che, poiché crede ancora nelle cose impossibili, può vivere con la speranza», «accompagnare il movimento costante della vita e della storia senza cadere nel disfattismo paralizzante», «accettare la novità della vita del Risorto nella nostra povera carne, per imprimerle il segno della vita nuova».

Nell'omelia per l'inizio della Quaresima 2013, lo scorso Mercoledì delle ceneri, il cardinale ha scattato una realistica fotografia dell'attualità, fatta di violenza e di odio, della sofferenza degli innocenti e dell'impero del denaro. E non si è tirato indietro nel denunciare che «i nostri errori e peccati come Chiesa non rimangono fuori da questo grande panorama. Gli egoismi personali giustificati, e non per questo più piccoli, la mancanza di valori etici nel seno della società che distrugge le famiglie, la convivenza tra le persone dei quartieri, dei popoli e delle città ci parlano dei nostri limiti, della nostra debolezza e della nostra incapacità per poter trasformare questo elenco immenso di realtà distruttrici».

All'ovvia domanda: «Ha senso cercare di cambiare tutto questo? Possiamo fare qualcosa di fronte a questa situazione?», la sua netta risposta è stata in ogni caso: «Sì, è possibile che tutto sia nuovo e diverso perché Dio continua a essere ricco di bontà e misericordia, sempre disposto a perdonare e ci incoraggia a ricominciare una e più volte». E l'Anno della fede è «l'opportunità che Dio ci regala per maturare nell'incontro con il Signore, che si rende visibile nel viso sofferente di tanti bambini senza futuro, nelle mani tremanti degli anziani dimenticati e nelle ginocchia vacillanti delle tante famiglie che continuano a far fronte alla vita senza trovare sostegno in nessuno».

Le idee del cardinale in dieci parole

Ateismo

«Quando mi incontro con persone atee, condivido le questioni umane ma non pongo loro in un primo momento il problema di Dio, eccetto che siano loro stesse a porlo a me. Se è necessario dico loro perché credo.

L'umano è così ricco da condividere, che tranquillamente possiamo mettere in comune reciprocamente le nostre ricchezze. Dal momento che io sono credente, so che quelle ricchezze sono un dono di Dio».

Cattolicesimo

«Se si guarda alla storia, le forme religiose del cattolicesimo sono cambiate notevolmente. Pensiamo, per esempio, allo Stato pontificio, in cui il potere temporale era unito al potere spirituale. Era una deformazione del cristianesimo che non corrispondeva a ciò che voleva Gesù e a ciò che vuole Dio. Se, nel corso della storia, la religione si è tanto evoluta, perché non pensare che anche in futuro si adeguerà alla cultura del suo tempo? Il dialogo tra cultura e religione è fondamentale, ed è ben presente nel concilio Vaticano II. Si chiede alla Chiesa una conversione continua – *Ecclesia semper reformanda* (La Chiesa è sempre da riformare) – e questa trasformazione avviene in diverse forme nel corso del tempo, senza alterare il dogma. In futuro ci saranno maniere distinte di adeguarsi alle nuove epoche, come oggi ci sono modi distinti dagli anni dell'assolutismo».

Donne

«Nel cattolicesimo molte donne guidano la liturgia della parola, ma non possono esercitare il sacerdozio perché nel cristianesimo il sommo sacerdote è Gesù, un maschio. E la tradizione fondata teologicamente è che ciò che è sacerdotale passa per l'uomo. La donna ha un'altra funzione nel cristianesimo, riflessa nella figura di Maria. È colei che ospita la società, colei che accoglie, la madre della comunità. La donna ha il dono della maternità, della tenerezza; se tutte queste ricchezze non si integrano, una comunità religiosa non soltanto si trasforma in una società maschilista, ma anche in una società austera, dura e mal sacralizzata. Il fatto che la donna non possa esercitare il sacerdozio non significa che sia meno dell'uomo».

Laicità

«Il rischio che dobbiamo evitare, parroci e vescovi, è di cadere nel clericalismo, che è una postura viziata del religioso. La Chiesa cattolica è tutto il popolo fedele di Dio, compresi i sacerdoti. [...] Quando un parroco conduce una diocesi o una parrocchia, deve ascoltare la sua comunità, per maturare le decisioni e condurla in questo cammino. Ma quando si impone e in qualche maniera dice "Qui comando io", cade nel clericalismo. [...] La Chiesa difende l'autonomia delle questioni umane. Una sana autonomia è una sana laicità, in cui si rispettano le distinte competenze. Ciò che non è buono è il laicismo militante, che prende una posizione antitrascendentale o esige che il religioso non esca dalla sacrestia. La Chiesa dà dei valori, e lascia che questi facciano il resto»

Preghiera

«Pregare è un atto di libertà. Però talvolta c'è come un intento di voler controllare la preghiera, che è lo stesso che voler controllare Dio. Ciò ha a che fare con una deformazione, con un eccessivo ritualismo o con tante altre attitudini al controllo. La preghiera è parlare e ascoltare. Esistono momenti di profondo silenzio, di adorazione, in cui si attende di vedere ciò che succede Nella preghiera convivono questo silenzio riverente e una sorta di contrattazione, come quando Abramo negozia con Dio il castigo di Sodoma e Gomorra. Allo stesso modo Mosè contratta intercedendo per il suo popolo, vuole convincere il Signore di non castigare il suo popolo. Questa è un'attitudine di coraggio che, unita all'umiltà e all'adorazione, è imprescindibile per pregare».

Sacerdozio

«Noi accettiamo in seminario soltanto circa il 40 per cento di coloro che lo domandano. Esiste per esempio un fenomeno psicologico: patologie o nevrosi di persone che cercano sicurezze esterne. Alcuni, che non riescono a realizzarsi nell'esistenza, cercano corporazioni che li proteggano. Una di queste corporazioni è il clero. Stiamo dunque con gli occhi aperti, cerchiamo di conoscere bene le persone che dimostrano interesse per il sacerdozio. Poi, per un intero anno, la convivenza di ogni fine settimana permette di discernere fra chi ha la vocazione e chi semplicemente cerca un rifugio o si sbaglia nella percezione della chiamata di Dio».

Scienza

«La scienza ha una sua autonomia, che si deve rispettare e incoraggiare. Non bisogna interferire con l'autonomia degli scienziati. La scienza è fondamentalmente uno strumento del mandato di Dio che dice: "Crescete, moltiplicatevi e dominate la terra". Nell'ambito della sua autonomia la scienza va trasformando l'ignoranza in cultura. Ma attenzione, quando l'autonomia della scienza non si pone limiti e va oltre, può sfuggirle di mano la creazione. È il mito di Frankenstein. [...] Un esempio molto chiaro di questi limiti è il dominio dell'energia atomica, che può giungere a distruggere l'umanità. Quando l'uomo si insuperbisce, crea un mostro che gli sfugge di mano. È importante che la scienza si ponga dei limiti».

Servizio

«Il servizio non è un semplice compromesso etico, né un volontariato del tempo libero residuo, né un principio utopico. Dato che la nostra vita è un dono, servire equivale a essere fedeli a ciò che siamo: si tratta dell'intima capacità di dare quello che siamo, di amare fino al punto estremo dei propri limiti. Le parole del Vangelo non si rivolgono soltanto al credente e al praticante. Raggiungono tutte le autorità, sia ecclesiali sia politiche, visto che traggono alla luce il vero significato del potere. Si tratta di una rivoluzione basata sul nuovo vincolo sociale del servizio. Il potere è servizio. Il potere ha senso soltanto se viene posto al servizio del bene comune».

Umiltà

«I grandi capi del popolo di Dio furono uomini che lasciarono spazio al dubbio. Mosè era l'uomo più umile che ci fosse sulla terra. Davanti a Dio non conta che l'umiltà e questo richiede ai capi religiosi di dar spazio a Dio, di aver a che fare con l'esperienza interiore dell'oscurità, del non sapere che cosa fare. Una delle caratteristiche di un cattivo capo è di essere eccessivamente autoritario a motivo della sicurezza che ripone in se stesso».

Vaticano

«Si parla sempre della ricchezza del Vaticano. Una religione necessita del denaro per mantenere le sue opere e se esso passa attraverso istituzioni bancarie questo non è illecito. Il denaro che entra nelle casse del Vaticano va spesso per i lebbrosari, per le scuole, per le comunità africane, asiatiche, americane».

Il futuro della Chiesa e del mondo

La grande preparazione teologica nell'ambito mariano si accompagna in papa Francesco a un'intensa devozione sin dall'infanzia, come ha documentato il suo costante affidamento alla Madonna nei primi passi del suo pontificato. La prima uscita pubblica, con un bouquet di fiori tra le mani, lo ha visto nella Cappella Paolina a Santa Maria maggiore, in preghiera dinanzi alla miracolosa immagine della Vergine, e subito dopo all'altare del Presepe nella medesima basilica, dove sant'Ignazio di Loyola celebrò la sua prima Messa nel Natale del 1538.

In questi momenti il suo pensiero è certamente corso a Nostra Signora di Luján, la patrona dell'Argentina, e alla Morenita, la Vergine di Guadalupe che rappresenta il faro mariano di tutta l'America latina. D'altronde anche il rimando a Fatima, con la ricorrenza del giorno 13, è costante nella sua vita: il 13 dicembre 1969 fu ordinato sacerdote, il 13 maggio 1992 ebbe la notizia della promozione a vescovo, il 13 marzo scorso è stato eletto Papa. E il prossimo 13 ottobre, proprio alla presenza della statua della Madonna di Fatima, celebrerà in piazza San Pietro la giornata mariana dell'Anno della fede, ponendo ancora una volta nelle sue mani la comunità ecclesiale.

Nel libro intervista *El jesuita*, il cardinale Bergoglio così ha risposto alla domanda su come immagina il futuro della Chiesa cattolica: «La Chiesa deve accompagnare lo sviluppo esistenziale, morale, umano dei popoli. Deve farlo crescere in umanità poiché, in fondo, l'uomo è il destinatario della Rivelazione di Dio, è immagine di Dio. Come cristiani, non possiamo rinnegare questa concezione, né mercanteggiarla. Per il resto, credo che il XXI secolo sarà religioso. Ma si dovrà vedere in quale maniera. La religiosità viene talvolta accompagnata da una sorta di vago teismo che intreccia lo psicologico con il parapsicologico, non sempre finalizzato a un vero e profondo incontro personale con Dio, come noi cristiani siamo convinti che debba essere».

E poi ha indicato i tre criteri-chiave che definiscono

l'identità personale e che consentono un significativo incontro con gli altri: la trascendenza, la diversità, la progettualità. «Tre orizzonti che, espressi al negativo, equivalgono a un no all'ateismo, cioè alla mancanza di trascendenza; no alla supremazia dei potenti, che generano il pensiero unico o egemonico, negatore della diversità; no ai progressismi a-storici».

Nel contempo occorre evitare, come ha precisato in un'intervista al mensile *30giorni* nel novembre 2007, la cosa peggiore che possa accadere nella Chiesa: «Quella che De Lubac chiama "mondanità spirituale". È il pericolo più grande per la Chiesa, per noi, che siamo nella Chiesa. "È peggiore", dice De Lubac, "più disastrosa di quella lebbra infame che aveva sfigurato la Sposa diletta al tempo dei papi libertini". La mondanità spirituale è mettere al centro se stessi. È quello che Gesù vede in atto tra i farisei: "Voi che vi date gloria. Che date gloria a voi stessi, gli uni agli altri"».

Ora che è divenuto Francesco, queste parole risultano un'esplicita dichiarazione d'intenti. L'incontro personale con Dio è al cuore dell'annuncio proposto dal nuovo Pontefice nei suoi primi interventi pubblici.

E il dialogo con gli altri è possibile unicamente a partire dalla chiarezza sulle rispettive identità, come egli stesso ha sottolineato nell'omelia della Messa *pro ecclesia* del 14 marzo: «Possiamo edificare tante cose, ma, se non confessiamo Gesù Cristo, la cosa non va. Diventeremo una Ong assistenziale, ma non la Chiesa, Sposa del Signore».

LE SFIDE

I DIECI NODI PER IL FUTURO

Nel commento a caldo su *Famiglia Cristiana*, abbiamo scritto che la rinuncia di Benedetto XVI «rilancia la Chiesa sulla via della purificazione, della richiesta di perdono e del rinnovamento. Per una Chiesa che sia a servizio dell'umanità, nello spirito di apertura e di dialogo del concilio Vaticano II. E per offrire parole di verità e di speranza agli uomini d'oggi».

Queste parole rappresentano ben più che un auspicio. Sono la richiesta che a gran voce si è levata non soltanto dalla comunità ecclesiale, ma anche dalle più autorevoli voci di una società che guarda alla Chiesa come a un faro di valori e di certezze, capace di illuminare ancora i difficili giorni che il mondo sta attraversando.

Ha in qualche modo esplicitato tale consapevolezza anche il cardinale decano Angelo Sodano, tratteggiando la missione che Cristo ha affidato a Pietro e ai suoi successori, nell'omelia della Messa *pro eligendo Pontifice*. Ne ha innanzitutto segnalato come radice profonda il messaggio evangelico dell'amore «che spinge i Pastori della Chiesa a svolgere la loro missione di servizio agli uomini d'ogni tempo, dal servizio caritativo più immediato fino al servizio più alto, quello di offrire agli uomini la luce del Vangelo e la forza della grazia». E subito dopo, sottolineando le parole di san Paolo sulla diversità di doni che sono in funzione dell'edificazione dell'unico corpo di Cristo, ha ribadito ai confratelli cardinali il messaggio dell'unità: «Tutti noi siamo chiamati a cooperare con il Successore di Pietro, fondamento visibile di tale unità ecclesiale». Una precisa indicazione e un pressante appello che non possono essere disattesi.

Certamente il nuovo Pontefice si ritrova ora sulle spalle, insieme con il sostegno dell'intera comunità ecclesiale e l'assistenza dello Spirito Santo, anche l'onere di affrontare e risolvere alcune sfide che sono strettamente intrecciate al gesto del Pontefice emerito. Ma può nel contempo confidare sulla ricchezza dello straordinario magistero di

Joseph Ratzinger e sui semi da lui piantati per la rigenerazione della Chiesa, che in gran parte hanno già cominciato a fiorire. L'opera di pulizia è avviata, si tratta ora di rimuovere tutta la polvere.

L'Anno della fede e l'enciclica non pubblicata

Il principale lascito spirituale di Benedetto XVI a papa Francesco è indubbiamente l'Anno della fede, avviato l'11 ottobre 2012 e in corso fino al 24 novembre 2013. Il motivo di questa iniziativa venne così spiegato dall'allora Pontefice nell'omelia della Messa di inaugurazione: «In questi decenni è avanzata una "desertificazione" spirituale. Che cosa significasse una vita, un mondo senza Dio, al tempo del Concilio lo si poteva già sapere da alcune pagine tragiche della storia, ma ora purtroppo lo vediamo ogni giorno intorno a noi. È il vuoto che si è diffuso. Ma è proprio a partire dall'esperienza di questo deserto, da questo vuoto, che possiamo nuovamente scoprire la gioia di credere, la sua importanza vitale per noi uomini e donne».

Una sfida, quella della cosiddetta «nuova evangelizzazione» e del «rafforzare la nostra fede in Dio in un contesto che sembra metterlo sempre più in secondo piano», che ora tocca al nuovo Papa portare a compimento. Così ne ha riassunto le coordinate il Pontefice emerito nell'ultima Udienza generale del 27 febbraio: «Vorrei invitare tutti a rinnovare la ferma fiducia nel Signore, ad affidarci come bambini nelle braccia di Dio, certi che quelle braccia ci sostengono sempre e sono ciò che ci permette di camminare ogni giorno, anche nella fatica. Vorrei che ognuno si sentisse amato da quel Dio che ha donato il suo Figlio per noi e che ci ha mostrato il suo amore senza confini. Vorrei che ognuno sentisse la gioia di essere cristiano».

Come concreto aiuto, papa Francesco trova già a sua disposizione la bozza dell'enciclica sulla fede che Benedetto XVI aveva preparato per completare la trilogia sulle virtù cardinali, dopo la *Deus caritas est* del 2005 e la *Spe salvi* del 2007. Un primo annuncio sulla pubblicazione della nuova enciclica era stato fatto nello scorso dicembre da padre Federico Lombardi. Ma, dopo la rinuncia di Benedetto XVI, il portavoce vaticano aveva precisato che il testo non sarebbe stato promulgato.

La chiave interpretativa che il Pontefice emerito volle dare a questo documento è totalmente immersa nella dinamica della nuova evangelizzazione. Lo esplicitò egli stesso quando integrò il titolo del Sinodo dei vescovi dell'ottobre 2012, che avrebbe dovuto semplicemente essere «La trasmissione della fede cristiana», con l'aggiunta iniziale «*La nuova evangelizzazione per* la trasmissione della fede cristiana». E a lavorare per la preparazione della bozza sono infatti stati chiamati principalmente gli esperti del neonato Pontificio consiglio per la promozione della nuova evangelizzazione, presieduto dall'arcivescovo Rino Fisichella.

Comunque, se invece papa Francesco preferisse reimpostare l'enciclica, il testo originario potrebbe uscire a firma di Joseph Ratzinger. Lo ha ipotizzato il direttore della Sala stampa vaticana, padre Federico Lombardi. In tal caso, non apparterrebbe ovviamente al magistero pontificio, ma rappresenterebbe comunque un qualificato contributo per questo Anno della fede e per la sua prosecuzione nella vita ordinaria del popolo di Dio.

La riforma della Curia vaticana

La riorganizzazione della Curia romana, l'apparato di governo della Santa Sede, è stata una delle più comuni richieste negli oltre 160 interventi dei cardinali durante le dieci Congregazioni generali che hanno preceduto il Conclave, dove sono state poste sul tappeto le tematiche più urgenti per l'impegno del nuovo Pontefice.

Alla base delle loro sollecitazioni non c'era di sicuro la preoccupazione per una ristrutturazione unicamente organizzativa di tali uffici, come se si trattasse di migliorarne la capacità nella gestione della burocrazia ecclesiastica, quanto piuttosto la preoccupazione affinché gli organismi centrali che coadiuvano il Papa nel governo generale della Chiesa cattolica siano sempre più in linea con la loro essenza.

Così in effetti la descrive la costituzione *Pastor Bonus*, emanata da Giovanni Paolo II nel 1983: coadiuvare «il Romano Pontefice nell'esercizio del suo supremo ufficio pastorale per il bene e il servizio della Chiesa universale e delle Chiese particolari, esercizio col quale si rafforzano l'unità della fede e la comunione del popolo di Dio e si promuove la missione propria della Chiesa nel mondo»

È probabilmente anche a queste parole che si è riferito Benedetto XVI quando il 27 febbraio, nell'Udienza finale del suo pontificato, ha ribadito con forza che la Chiesa non è «un'organizzazione, un'associazione per fini religiosi o umanitari, ma un corpo vivo, una comunione di fratelli e sorelle nel Corpo di Gesù Cristo». E ancor più nel saluto ai cardinali del 28 febbraio, citando una frase del grande pensatore Romano Guardini, ha ricordato: «La Chiesa non è una istituzione escogitata e costruita a tavolino, ma una realtà vivente».

Non si tratta dunque di ricostruire a freddo la *governance*, come è ormai usanza dire al modo americano, ma di ripristinare un impegno collegiale per offrire al Pontefice ogni possibile aiuto nel comprendere le necessità della Chiesa e nell'attuare le adeguate risposte. Una delle modalità più sottolineate dai capi dicastero è un rapporto più diretto con il Papa, senza la mediazione della segreteria di Stato vaticana che talvolta è risultata eccessivamente invasiva. Un primo gesto potrebbe essere il ripristino delle cosiddette «udienze di tabella» che consentono a ogni prefetto di Congregazione e presidente di Pontificio consiglio di incontrare personalmente il Papa in appuntamenti costanti e prefissati.

Lo stesso Benedetto XVI non si è sottratto dal lanciare un auspicio in tale direzione, quando, ancora nell'incontro del 28 febbraio con i cardinali, li ha sollecitati «a crescere in questa unità profonda, così che il Collegio dei cardinali sia come un'orchestra, dove le diversità – espressione della Chiesa universale – concorrano sempre alla superiore e concorde armonia».

Lo scandalo Vatileaks

Nell'ultimo giorno del pontificato, Benedetto XVI ha così sintetizzato, con una dolcezza lievemente velata di amarezza, le pietre d'inciampo con le quali ha dovuto fare i conti in numerosi momenti: «In questi otto anni, abbiamo vissuto con fede momenti bellissimi di luce radiosa nel cammino della Chiesa, assieme a momenti in cui qualche nube si è addensata nel cielo».

Per mesi, nel corso del 2012, documenti riservatissimi della Santa Sede sono stati pubblicati dalla stampa e l'inchiesta interna ha rapidamente portato alla scoperta del colpevole: il cosiddetto «corvo» è il maggiordomo pontificio Paolo Gabriele, arrestato il 23 maggio e reo confesso. Un colpo al cuore per Benedetto XVI, che considerava il giovane come un figlio, avendolo al proprio fianco ogni giorno dal risveglio sino a notte fonda.

Confidando a qualche amico la profondità del proprio dolore, il Pontefice emerito ha rivelato di non essere riuscito a comprendere le ragioni di quel gesto. Un vero e proprio tradimento, poiché i documenti erano stati sottratti anche dalle scrivanie del Papa e del suo segretario particolare, monsignor Georg Gänswein.

Gabriele invece, nella deposizione durante il processo, ha esplicitato che il suo intento era quello di rendere note all'esterno delle mura vaticane i conflitti fra cardinali e altri membri della Curia romana che, secondo lui, non erano noti al Papa. Un sasso nello stagno, dunque, per imporre una presa di coscienza a riguardo di questo gravissimo problema.

Oltre ai tanti problemi pratici che la rivelazione di quei documenti ha causato, il cosiddetto Vatileaks ha anche avuto risvolti nei rapporti interni in Vaticano. Sospetti reciproci e accuse non sono mancati, motivando persino la decisione di spostare alcuni autorevoli esponenti in altri uffici. Il clima di diffidenza si è addirittura propagato alle Congregazioni pre Conclave, quando sembra che due cardinali si siano reciprocamente rinfacciati di aver fatto filtrare all'esterno resoconti su quanto era stato detto nella riservatezza dell'aula.

Nell'omelia per il suo ultimo Mercoledì delle ceneri, Benedetto XVI è sembrato far riferimento a tutto ciò, quando ha sottolineato «l'importanza della testimonianza di fede e di vita cristiana di ciascuno di noi e delle nostre comunità per manifestare il volto della Chiesa [che viene] a volte deturpato. Penso in particolare alle colpe contro l'unità della Chiesa, alle divisioni nel corpo ecclesiale».

Monsignor Charles Scicluna, per anni promotore di giustizia presso la Congregazione per la Dottrina della fede e oggi ausiliare a Malta, ha offerto una ben'informata chiave di lettura della rinuncia di Benedetto XVI al ministero petrino: «Lui ha voluto fare spazio, ed è un messaggio che i cardinali non possono disattendere. Non volendo o non potendo decapitare tutti, si è detto: vado via e automaticamente sarà il prossimo a dover scegliere». Se così è, a papa Francesco toccherà decidere rapidamente su diverse nomine, a partire da quella del nuovo segretario di Stato.

Collegialità e corresponsabilità

Nessuna contrapposizione fra «pastori» e «pecorelle», ma un rilancio a ogni livello di ciò che è alla base della comunione nel popolo di Dio. L'istanza di una maggiore collegialità nell'ambito dell'episcopato e di una più qualificata responsabilità dei laici cristiani è fra le più presenti nei commenti che sono stati proposti nei giorni di preparazione al Conclave da autorevoli voci impegnate nel cuore della Chiesa.

Per il primo aspetto, ha affermato su *Famiglia Cristiana* padre Bartolomeo Sorge, gesuita come il nuovo Papa: «Senza mettere affatto in discussione il primato di Pietro, occorre ormai il coraggio di rivedere le forme del suo esercizio. Nel mondo globalizzato, nessun Papa potrà più essere in grado di guidare la Chiesa senza l'aiuto di uno strumento universale e autorevole, che nel pieno esercizio della collegialità episcopale lo appoggi e lo aiuti ad affrontare problemi che ormai sono planetari e complessi. Dal vertice della Chiesa, lo spirito di collegialità potrà allora operare anche a livello locale».

Per il secondo, leggiamo quanto ha scritto, sempre sul

settimanale paolino, lo storico Giorgio Campanini: «Quante cose potrebbero essere affidate a laici competenti e preparati senza mettere in discussione né il ministero petrino, né il valore del sacerdozio (che è non solo di alcuni, ma che è comune a tutti i fedeli, come ricorda la *Lumen gentium*). Inutile sottolineare che questa corresponsabilità laicale dovrebbe essere declinata anche e soprattutto al femminile, per arricchire la Chiesa di quel "genio" che il magistero di Giovanni Paolo II (*Mulieris dignitatem*) ha riconosciuto ma ha sin qui trovato solo parziale applicazione nella vita della Chiesa».

Ancor più, la sfida di rendere maggiormente incisiva la presenza delle donne coinvolge sia le laiche, madri di famiglia in particolare (che nella vita ecclesiale hanno sempre rappresentato il motore della trasmissione della fede fra le generazioni), sia le religiose, che si interrogano sul senso di una missione che ha necessità di riscoprire i variegati carismi che hanno ispirato le molteplici congregazioni femminili per viverli nell'oggi dell'umanità.

A cinquant'anni di distanza si possono ben riproporre le parole del Messaggio alle donne scritto da Paolo VI a conclusione del concilio Vaticano II, come provocazione tuttora valida per l'oggi della Chiesa e del mondo: «L'ora è venuta in cui la vocazione della donna si completa in pienezza, l'ora in cui la donna acquista nella società un'influenza, un irradiamento, un potere finora mai raggiunto».

La lotta alla pedofilia

Rileggendo le parole che l'allora cardinale Joseph Ratzinger aveva pronunciato durante la Via crucis al Colosseo del marzo 2005, è stato chiaro a tutti quale fosse il suo riferimento nel parlare della «sporcizia» nella Chiesa: «Anche nel tuo campo di grano vediamo più zizzania che grano. La veste e il volto così sporchi della tua Chiesa ci sgomentano. Ma siamo noi stessi a sporcarli! Siamo noi stessi a tradirti ogni volta, dopo tutte le nostre grandi parole, i nostri grandi gesti. [...] Quanta sporcizia c'è nella Chiesa, e proprio anche tra coloro che, nel sacerdozio, dovrebbero appartenere completamente a Lui!».

Divenuto Pontefice, fra le sue più forti decisioni ci fu il commissariamento dei Legionari di Cristo e l'ordine al fondatore della congregazione, Marcial Maciel, di ritirarsi a vita privata, dopo che erano state confermate da una Visita apostolica le accuse nei suoi confronti di gravissimi reati sessuali.

Una vicenda che indirettamente ha persino condotto a uno scontro personale fra cardinali, quando nell'aprile 2010 l'arcivescovo di Vienna, Christoph Schönborn, ha accusato l'ex segretario di Stato Angelo Sodano di aver bloccato un procedimento contro il precedente cardinale viennese Hans Hermann Groër, che anni prima aveva molestato sessualmente alcuni seminaristi.

Nel contempo papa Ratzinger diede disposizione di rendere pubblicamente note le linee operative adottate dalla Congregazione per la Dottrina della fede contro i preti pedofili. Ci si è così finalmente resi conto che, già fra il 2001 e il 2003, il prefetto Ratzinger e Giovanni Paolo II avevano deciso per la linea dura contro questi gravissimi delitti, sottolineando l'invito alle vittime affinché si rivolgessero alla magistratura, invitando le Conferenze episcopali a collaborare con le autorità giudiziarie e prevedendo l'inappellabile dimissione dallo stato clericale per i sacerdoti riconosciuti colpevoli.

Ma il pugno di ferro è stato utilizzato anche nei riguardi

dei vescovi che non sono stati capaci di stroncare episodi di pedofilia nel loro clero diocesano, o addirittura che si sono essi stessi resi responsabili di tali crimini. Sono infatti diverse decine i vescovi "dimissionati" in base al secondo comma del canone 401, per una «grave causa» che ha reso ciascuno di loro «meno idoneo all'adempimento del suo ufficio». Un chiaro segnale che l'immunità non è più garantita a nessuno.

Le vicende economiche dello Ior

Nelle Congregazioni generali che hanno preceduto il Conclave, il tema delle finanze vaticane è stato al centro del dibattito. Molti hanno sollecitato informazioni adeguate a comprendere la realtà delle cose, al punto che anche il portavoce Federico Lombardi ha confermato, durante uno dei quotidiani aggiornamenti, il desiderio di diversi cardinali di vederci più chiaro sulle recenti vicende dello Ior.

L'improvvisa «cacciata» di Ettore Gotti Tedeschi, esplicitamente voluto dal cardinale Tarcisio Bertone come presidente dell'Istituto opere di religione (Ior), ha infatti rappresentato il momento culminante di uno scontro al vertice delle finanze vaticane. In alcuni esponenti della Chiesa ha suscitato addirittura l'interrogativo se l'attuale configurazione dello Ior sia ancora adatta ai tempi che mutano e alla richiesta di totale trasparenza che proviene sia dall'interno che dall'esterno della comunità ecclesiale.

Dalla nomina del 23 settembre 2009 al benservito del 24 maggio 2012 sono trascorsi poco più di una trentina di mesi, insufficienti per la realizzazione di qualsiasi progetto di ampia portata, come era l'incarico affidato al banchiere piacentino. Ma fu soprattutto il documento di licenziamento a colpire, carico com'era di dubbi nei confronti delle capacità professionali e della correttezza operativa di Gotti Tedeschi.

Il 15 febbraio 2013, negli ultimissimi giorni di pontificato di Benedetto XVI e dopo che era stata resa nota la sua rinuncia, è stato nominato il nuovo presidente: l'avvocato tedesco Ernst von Freyberg. E il giorno successivo è stata modificata la composizione della Commissione cardinalizia di vigilanza dello Ior, con la conferma del cardinale Tarcisio Bertone alla presidenza, ma anche con la sostituzione del cardinale Attilio Nicora, considerato uno dei maggiori sostenitori della linea di trasparenza, con il cardinale Domenico Calcagno.

Da diverse parti è stata espressa perplessità nei riguardi di tali decisioni. Nonostante la precisazione che si trattava della conclusione di un lungo processo di selezione, attuato anche mediante una società specializzata nella ricerca di manager di alto profilo, l'interrogativo si è incentrato sull'opportunità di decisioni di tale livello in un momento nel quale si era già praticamente in attesa del nuovo Papa.

Le tensioni si sono manifestate anche fra i cardinali. Nonostante la segretezza che ha circondato le loro discussioni in aula, si è potuto sapere che il cardinale Tarcisio Bertone è dovuto intervenire per difendere l'operato della Commissione cardinalizia da lui presieduta e per spiegare la natura dello Ior e del procedimento di inserimento nel sistema internazionale dei controlli Moneyval contro il riciclaggio. Ma evidentemente le spiegazioni non sono state sufficienti, visto che altri confratelli hanno pubblicamente manifestato nell'aula il proprio dissenso sulla gestione della banca vaticana.

Le indiscrezioni dei mass media in questi primi tempi del nuovo pontificato sono state molteplici. Per esempio, secondo *La Stampa*, pochi giorni prima di venire estromesso, Ettore Gotti Tedeschi aveva comunicato al segretario di Stato vaticano Tarcisio Bertone, presidente della Commissione cardinalizia di sovrintendenza sullo Ior, la volontà di sfiduciare il direttore dell'Istituto, Paolo Cipriani.

Il perpetuarsi di notizie come questa ha segnato un punto fermo nella convinzione di molti porporati di sollecitare il nuovo Pontefice affinché venga portata sino in fondo la riflessione avviata nei giorni del pre Conclave. Ne rappresentano una sintesi le parole dell'autorevole arcivescovo di Abujia, il cardinale nigeriano John Onaiyekan, che in un'intervista ha esplicitamente affermato: «Lo Ior non è essenziale al ministero del Santo Padre come successore di Pietro. Non so se san Pietro avesse una banca. Lo Ior non è fondamentale, non è sacramentale, non è dogmatico».

Il dialogo con l'islam e l'ebraismo

Il pontificato di Benedetto XVI ha vissuto momenti delicati nel dialogo con i responsabili delle altre fedi monoteiste, che in qualche momento hanno fatto temere anche sulla qualità dei futuri rapporti. In particolare una malcompresa citazione, nel discorso del 12 settembre 2006 all'università di Ratisbona, fece il giro del mondo. È un brano di Manuele II Paleologo che affermava: «Mostrami pure ciò che Maometto ha portato di nuovo, e vi troverai soltanto delle cose cattive e disumane».

Estrapolato dal contesto, questo concetto venne attribuito a papa Ratzinger e fu all'origine di proteste islamiche in tutto il mondo, che sfociarono anche in manifestazioni e in violenze anticristiane. Chiarimenti a tutto tondo da parte della segreteria di Stato vaticana e il viaggio in Turchia nel successivo novembre – come quelli ulteriori in Giordania, Israele e Libano – hanno stemperato le polemiche, ma l'episodio ha lasciato il segno.

Però è comunque servito a dare nuovi stimoli nel dialogo con l'islam, visto che nei mesi successivi centotrentotto personalità musulmane indirizzarono al Papa, e insieme con lui a numerosi altri responsabili delle Chiese cristiane, una lettera nella quale venivano sottolineati i limiti indicati nella dottrina islamica a riguardo della guerra e del ricorso alla violenza, si condannavano i sogni utopistici dove il fine giustifica i mezzi e si auspicava un rapporto fra islam e cristianesimo basato sui due grandi comandamenti dell'amore verso Dio e verso il prossimo.

Il rapporto con gli ebrei si è invece innestato nella maniera giusta dal punto di vista teologico, tenendo conto – in continuità con quanto aveva già sottolineato Giovanni Paolo II – del legame particolarissimo che congiunge i cristiani con i «fratelli maggiori». E la visita alla sinagoga di Roma nel gennaio del 2010, anche qui sulle orme di papa Wojtyla, ha rinsaldato questo rapporto.

Più controverse invece le relazioni ordinarie, con un paio di incidenti di percorso che si sono intrecciati con altre vicende intraecclesiali. La riformulazione della preghiera del Venerdì santo, là dove il messale precedente invocava la conversione degli ebrei, è stata contestata da diversi rabbini anche nella nuova versione, che si limita a pregare per l'illuminazione dei loro cuori. Mentre la scomunica tolta al vescovo tradizionalista Richard Williamson coincise con una intervista di poche settimane prima, nella quale quest'ultimo negava l'esistenza delle camere a gas nei campi di concentramento e riduceva a 200-300 mila le vittime della Shoah, invece che sei milioni.

Ma anche in questo caso tutto si è stemperato, come documentano le parole del rabbino capo di Roma, Riccardo Di Segni, alla notizia della rinuncia di papa Ratzinger: «Benedetto XVI è stato ed è un interlocutore dotto e sensibile e abbiamo apprezzato in particolare la sua attenzione a sottolineare le radici ebraiche del cristianesimo, come premessa per un rapporto rispettoso e costruttivo. Certo non sono mancati momenti di divergenza, inevitabili per le differenze essenziali e insanabili tra i due mondi; ma c'è stata sempre una volontà positiva di confronto e di costruzione».

Le aperture ai tradizionalisti

Il motu proprio *Summorum Pontificum*, con il quale Benedetto XVI concesse la celebrazione della Messa utilizzando il messale in lingua latina nell'edizione rivista da Giovanni XXIII nel 1952, è stato forse il documento più contestato del suo pontificato. Ma al fondo della sua decisione c'era unicamente il desiderio di mostrare comprensione per i fedeli ancora legati alla precedente tradizione liturgica: nessun cedimento anticonciliare, nessun ritorno al passato "controriformista".

In qualche modo voleva anche rappresentare una "mano tesa" alla Fraternità sacerdotale San Pio X, gli ultra-tradizionalisti di monsignor Lefebvre, con i quali si è svolto nell'ultimo decennio un fitto dialogo teso a un rientro nella comunione con Roma mediante la creazione di una prelatura personale.

La più recente lettera è stata inviata l'8 gennaio scorso dall'arcivescovo Gerhard Ludwig Müller, presidente della Pontificia commissione Ecclesia Dei che è incaricata del dialogo con i lefebvriani, al superiore della Fraternità, il vescovo Bernard Fellay. La sollecitazione intendeva far sì che una risposta potesse giungere in Vaticano prima del 28 febbraio, data di inizio della Sede vacante, in modo da porre eventualmente in atto qualche opportuno provvedimento

Ma dalla Fraternità ci sono stati unicamente riscontri informali. Sull'accettazione del «Preambolo dottrinale» consegnato dalla Santa Sede nel giugno 2012, nessuna risposta ufficiale. E i responsabili lefebvriani hanno fatto intendere che ritengono difficilmente accettabili punti quali il riconoscimento del magistero come interprete autentico della tradizione e la consonanza del concilio Vaticano II con la tradizione.

In ogni caso, il comunicato con cui i responsabili della Fraternità hanno commentato la rinuncia di Benedetto XVI rende l'"onore delle armi": «La Fraternità San Pio X non dimentica che il Santo Padre ha avuto il coraggio di ricordare che la Messa tradizionale non era mai stata abrogata, e di sopprimere gli effetti delle sanzioni canoniche portate contro i suoi vescovi, in seguito alle consacrazioni del 1988. Essa non ignora l'opposizione che queste decisioni hanno suscitato, obbligando il Papa a giustificarsi davanti ai vescovi del mondo intero. Essa gli esprime la sua gratitudine per la forza e costanza di cui ha fatto prova nei suoi confronti in circostanze così difficili e lo assicura delle sue preghiere per il tempo che desidera ormai consacrare al raccoglimento».

Ora toccherà a papa Francesco decidere fino a quando prolungare l'attesa di una risposta da parte della Fraternità alle concessioni, ma anche alle condizioni, esplicitate dalla Santa Sede per giungere a una sistemazione canonica definitiva della questione.

La Commissione d'inchiesta su Medjugorje

La comunicazione della propria rinuncia, Benedetto XVI l'ha data l'11 febbraio, festa liturgica della Madonna di Lourdes. Secondo alcuni non è stata del tutto casuale questa coincidenza, vista la costanza con cui, nei giorni successivi, il Papa emerito ha voluto porre sotto la protezione di Maria i suoi giorni a venire e il futuro stesso della Chiesa e dell'umanità.

Ma, nell'ambito mariano, un'eredità che Joseph Ratzinger lascia al successore riguarda un'altra manifestazione mariana, attualmente considerata «presunta». È quella che da più di trent'anni viene segnalata a Medjugorje, dove nel 1981 sei ragazzi narrarono di aver visto la Madonna per la prima di una serie di apparizioni quotidiane che tuttora prosegue.

Da prefetto per la Congregazione per la Dottrina della fede, l'allora cardinale Joseph Ratzinger fu estremamente cauto. Le posizioni dei due vescovi diocesani che in questo tempo si sono succeduti a Mostar, nella cui diocesi si trova Medjugorje, sono state negative e le loro comunicazioni in tal senso sono sempre state considerate autorevoli.

Da Pontefice, però, Benedetto XVI si è probabilmente reso maggiormente conto della complessità del problema e si è soprattutto preoccupato dell'accompagnamento pastorale dei tanti pellegrini che, da tutto il mondo, continuano a giungere in Erzegovina o a partecipare agli innumerevoli incontri di preghiera e di testimonianza che si svolgono in ogni continente, talvolta con la presenza di uno dei veggenti.

Perciò ha compiuto un gesto molto coraggioso e inedito con la costituzione, il 17 marzo 2010, di una Commissione internazionale di inchiesta su Medjugorje. A presiederla chiamò il cardinale Camillo Ruini, già suo vicario per la diocesi di Roma, con la collaborazione di cardinali, vescovi, periti ed esperti. I lavori proseguono in maniera riservata e l'esito verrà sottoposto alla Congregazione per la Dottrina della fede. Ma c'è la sensazione di una certa lentezza, visto che sono previsti incontri almeno fino all'autunno 2013.

L'attesa da parte dei devoti è ovviamente altissima. Le norme emanate nel 1978 dalla medesima Congregazione sembrano consentire unicamente due possibilità; «consta la soprannaturalità» e «non consta la soprannaturalità», lasciando la formula intermedia che in vari casi di apparizioni è stata utilizzata dai vescovi diocesani per segnalare l'impossibilità di una dichiarazione definitiva. Ma, in questo caso, quello della Commissione e della stessa Congregazione saranno unicamente indicazioni, mentre al nuovo Pontefice spetterà l'eventuale decisione definitiva.

La "coabitazione" con il predecessore

Benedetto XVI lo aveva detto con chiarezza nel saluto del 28 febbraio al Collegio cardinalizio: «Tra voi c'è anche il futuro Papa, al quale già oggi prometto la mia incondizionata reverenza e obbedienza». L'inedita "coabitazione" in Vaticano di papa Francesco con il suo predecessore si avvia con questo chiarissimo viatico di Benedetto XVI, che sgombra il campo da qualsiasi possibile dubbio.

Dopo un primo periodo trascorso nella Villa pontificia a Castel Gandolfo, la sua residenza definitiva sarà nel silenzio e nell'ombra dell'ex monastero di clausura Mater Ecclesiae, sulla sommità del piccolo Stato, di fianco alla torre della Radio Vaticana. E più nessuno lo potrà incontrare ufficialmente.

L'omaggio che il neo-eletto gli ha immediatamente reso telefonicamente, prima dell'affettuoso incontro personale del 23 marzo, è fortemente indicativo del loro precedente rapporto di vera amicizia e stima. E la preghiera in suo favore che papa Francesco ha chiesto a tutti i presenti in piazza San Pietro di elevare al Signore e alla Madonna è il gesto di gratitudine per tutte le orazioni che il Pontefice emerito aveva già pronunciato per il nuovo Pontefice, chiunque egli fosse.

Ma questo non vorrà dire che papa Francesco dovrà consultarlo in futuro per chiedergli pareri a riguardo delle proprie decisioni. La potestà del Pontefice regnante è piena e assoluta, anche se, nella riservatezza delle mura vaticane, egli potrà comunque comportarsi nel modo da lui ritenuto più adatto per mantenere un eventuale rapporto con il predecessore

Un interrogativo resta però in campo a riguardo del titolo che formalmente spetta a Benedetto XVI, sebbene padre Lombardi abbia comunicato l'indicazione ricevuta dal prefetto della Casa pontificia Georg Gänswein: ci si rivolgerebbe a lui sempre come «Sua Santità» e verrebbe considerato «Papa emerito» oppure «Romano Pontefice emerito».

La questione non sembra definitivamente risolta, in quanto valenti canonisti si sono interrogati in merito e le loro conclusioni sono state diversificate. Oltre all'ipotesi scartata di «Joseph Ratzinger, già Papa» (che intendeva associare il nome Benedetto XVI unicamente agli atti e ai documenti del pontificato), padre Gianfranco Ghirlanda ha proposto in alternativa «vescovo emerito di Roma».

Lo ha scritto sull'autorevole *Civiltà Cattolica*, precisando che «colui che cessa dal ministero pontificio non a causa di morte, pur evidentemente rimanendo vescovo, non è più Papa, in quanto perde tutta la potestà primaziale, perché essa non gli era venuta dalla consacrazione episcopale, ma direttamente da Cristo tramite l'accettazione della legittima elezione». E anche papa Bergoglio, nelle parole pronunciate dalla loggia di San Pietro subito dopo l'elezione, ha definito Joseph Ratzinger «vescovo emerito».

In ogni caso, questo precedente di una rinuncia segnerà anche il futuro. Come una spada di Damocle, sul capo dei futuri Pontefici, ci sarà la puntualizzazione offerta dall'allora papa Ratzinger al suo biografo Peter Seewald sin dal

2010: «Quando un Papa giunge alla chiara consapevolezza di non essere più in grado fisicamente, mentalmente e spiritualmente di svolgere l'incarico affidatogli, allora ha il diritto e in talune circostanze anche il dovere di dimettersi».

Intanto, a molti sono tornate alla mente le forti parole pronunciate da Benedetto XVI il 24 aprile 2005, nella solenne Messa per l'inizio del ministero petrino: «Pregate per me, perché io non fugga, per paura, davanti ai lupi». Ma egli stesso, insieme con innumerevoli commentatori, ha chiarito che non si è trattato di un atto di viltà, bensì del gesto responsabile del pastore che ama il proprio gregge.

Dunque possiamo ora immaginare la coesistenza in Vaticano di un Papa emerito e di uno regnante alla luce del brano dell'Esodo che narra del combattimento contro Amalek affrontato da Giosuè confidando nella promessa di Mosè: «"Domani io starò ritto sulla cima del colle, con in mano il bastone di Dio". [...] Quando Mosè alzava le mani, Israele prevaleva; ma quando le lasciava cadere, prevaleva Amalek». Mentre papa Francesco guiderà e governerà la Chiesa, Benedetto XVI lo accompagnerà costantemente nella preghiera.

APPENDICE

PAPI E ANTIPAPI

Il nuovo Pontefice è il 265° successore dell'apostolo Pietro, che a Cesarea di Filippo venne personalmente indicato da Gesù come capo della sua Chiesa. Ce lo narra il capitolo 16 del Vangelo di Matteo: «Disse loro: "Ma voi, chi dite che io sia?". Rispose Simon Pietro: "Tu sei il Cristo, il Figlio del Dio vivente". E Gesù gli disse: "Beato sei tu, Simone, figlio di Giona, perché né carne né sangue te lo hanno rivelato, ma il Padre mio che è nei cieli. E io a te dico: tu sei Pietro e su questa pietra edificherò la mia Chiesa e le potenze degli inferi non prevarranno su di essa. A te darò le chiavi del regno dei cieli: tutto ciò che legherai sulla terra sarà legato nei cieli, e tutto ciò che scioglierai sulla terra sarà sciolto nei cieli"».

Come viene spiegato nel commento della Conferenza episcopale italiana, «la missione di Pietro è definita con tre immagini: egli è la pietra, cioè il punto attorno al quale si costruisce l'unità visibile della comunità; gli vengono consegnate le chiavi, simbolo di autorità e responsabilità; infine ha il potere di "legare" e "sciogliere", espressione usata dai rabbini per indicare la facoltà di proibire e permettere (funzione di magistero) e di allontanare e riammettere nella comunità (funzione disciplinare)».

È a partire dal 1075 che la parola Papa, derivata dal vocabolo greco *papas* (padre), viene utilizzata unicamente per designare il vescovo di Roma. A stabilirlo fu Gregorio VII, nell'articolo XI del documento *Dictatus Papae* (Affermazioni di principio del Papa): «*Quod hoc unicum est nomen in mundo*» (Che il suo nome è il medesimo in tutto il mondo). In questo modo si volle sottolineare la sua qualità di padre di tutti i cristiani. L'altro appellativo Pontefice, dal latino *pontifex* (*pons*, ponte, e *facere*, fare), intende segnalare che egli è un «costruttore di ponti».

L'elenco proposto nell'Annuario pontificio è decisamente più lungo e meticoloso: «Vescovo di Roma, vicario di Gesù Cristo, successore del principe degli apostoli, sommo

Pontefice della Chiesa universale, patriarca dell'Occidente, primate d'Italia, arcivescovo e metropolita della provincia romana, sovrano dello Stato della Città del Vaticano». Per concludersi però con il significativo titolo «servo dei servi di Dio», una formula di profonda umiltà che venne utilizzata per la prima volta da san Gregorio Magno (590-604).

Da quasi mille anni, dopo un decreto di Niccolò II nel 1059, a eleggerlo sono unicamente i cardinali. Le attuali norme, fissate da Giovanni Paolo II con la costituzione *Universi dominici gregis* del 1996 e integrate da Benedetto XVI, prevedono che in Conclave possano entrare al massimo 120 elettori di età inferiore agli 80 anni e che la maggioranza per l'elezione debba essere quella dei due terzi dei voti.

Il *Codice di Diritto canonico* spiega che il Romano Pontefice «ha potestà ordinaria suprema, piena, immediata e universale sulla Chiesa, che può sempre esercitare liberamente». Nell'adempimento dell'ufficio di supremo Pastore «è sempre congiunto nella comunione con gli altri vescovi e anzi con tutta la Chiesa; tuttavia egli ha il diritto di determinare, secondo le necessità della Chiesa, il modo, sia personale sia collegiale, di esercitare tale ufficio».

Con le parole del *Catechismo della Chiesa cattolica*, il Romano Pontefice fruisce, in virtù del proprio ufficio, del carisma d'infallibilità in materia di fede e di costumi «quando, quale supremo Pastore e dottore di tutti i fedeli, che conferma nella fede i suoi fratelli, proclama con un atto definitivo una dottrina riguardante la fede o la morale».

Il Papa risiede in Vaticano nel Palazzo apostolico, la cui costruzione venne avviata da Innocenzo III nel 1198, e il suo appartamento privato si trova al terzo piano, da dove si affaccia per la recita domenicale dell'*Angelus* o del *Regina Caeli*. In alcuni momenti dell'anno è consueto un trasferimento nella Villa pontificia di Castel Gandolfo, sui Colli Albani.

L'anello del Pescatore, con cui il Papa sigilla alcuni particolari documenti, reca inciso il suo nome e l'immagine di san Pietro nella barca in atto di tirare le reti della pesca. Viene annullato al termine di ciascun pontificato, nella sua doppia forma di vero anello e di timbro che lo riproduce, insieme con i due timbri a secco e la matrice per i sigilli di piombo dei documenti papali. Nella firma, al nome del Pontefice viene aggiunta la sigla «*P.P.*» che significa *Pastor Pastorum* (Pastore dei Pastori, cioè degli altri vescovi).

La storia ecclesiastica ci informa che in realtà i Papi sono 263 in tutto, in quanto Benedetto IX è riportato per tre volte dall'Annuario pontificio, avendo occupato la sede papale in tre periodi distinti. A loro si aggiungono 37 antipapi, cioè quanti si sono arrogati la dignità e le funzioni del Pontefice, seppure talvolta in buona fede, senza essere stati canonicamente eletti. Nella cronotassi vengono inoltre riportati come legittimi sia Leone VIII, sia Benedetto V: soltanto uno lo è, ma non si sa con certezza quale dei due.

Il pontificato più lungo è stato quello di Pio IX, che ha regnato per 11.559 giorni. Invece il Papa più longevo è stato Leone XIII, che è vissuto 93 anni e 4 mesi. I nomi scelti per sostituire quello di nascita, secondo un'usanza avviata nel 533 da Mercurio (che si chiamò Giovanni II per non mantenere un nome legato a una divinità pagana), sono in tutto 82, dei quali 47 hanno una sola ricorrenza (uno soltanto è doppio: Giovanni Paolo). I più utilizzati sono: Giovanni (23 volte), Gregorio e Benedetto (16), Clemente (14), Innocenzo e Leone (13), Pio (12).

Il seguente elenco li propone in ordine cronologico, segnalando con un asterisco gli antipapi. Le due date indicano l'inizio e la fine del pontificato (nei primi due secoli sono incerte).

Pietro	(santo), di Betsaida, 30 - 67 circa.
Lino	(santo), della Tuscia, 68 - 79.
Anacleto o Cleto	(santo), romano, 80 - 92.
Clemente	(santo), romano, 92 - 99 (o 68 - 76).
Evaristo	(santo), greco, 96 o 99 - 108.
Alessandro I	(santo), romano, 108 o 109 - 116 o 119.
Sisto I	(santo), romano, 117 o 119 - 126 o 128.
Telesforo	(santo), greco, 127 o 128 - 137 o 138
Igino	(santo), greco, 138 - 142 o 149.
Pio I	(santo), di Aquileia, 142 o 146 - 157 o 161.
Aniceto	(santo), di Emesa (Siria), 150 o 157 - 163 o 168.
Sotero	(santo), di Fondi, 162 o 168 - 170 o 177.
Eleuterio	(santo), di Nicopoli (Epiro), 171 o 177 - 185 o 193

Vittore I	(santo), africano, 186 o 189 - 197 o 201.
Zefirino	(santo), romano, 198 - 217 o 218.
Callisto I	(santo), romano, 218 - 222.
* **Ippolito**	(santo), romano, 217 - 235.
Urbano I	(santo), romano, 222 - 230.
Ponziano	(santo), romano, 21.VII.230 - 28.IX.235.
Antero	(santo), greco, 21.XI.235 - 3.I.236.
Fabiano	(santo), romano, 236 - 20.I.250.
Cornelio	(santo), romano, 6 o 13.III.251 - VI.253.
* **Novaziano**	romano, 251.
Lucio I	(santo), romano, VI o VII.253 - 5.III.254.
Stefano I	(santo), romano, 12.III.254 - 2.VIII.257.
Sisto II	(santo), greco, 30.VIII.257 - 6.VIII.258.
Dionisio	(santo), di patria ignota, 22.VII.259 - 26.XII.268.
Felice I	(santo), romano, 5.I.269 - 30.XII.274.
Eutichiano	(santo), di Luni, 4.I.275 - 7.XII.283.
Caio	(santo), dalmata, 17.XII.283 - 22.IV.296.
Marcellino	(santo), romano, 30.VI.296 - 25.X.304.
Marcello I	(santo), romano, 306 - 16.I.309.
Eusebio	(santo), greco, 18.IV.309 - 17.VIII.309.
Milziade o **Melchiade**	(santo), africano, 2.VII.311 - 10.I.314.

Silvestro I	(santo), romano, 31.I.314 - 31.XII.335.
Marco	(santo), romano, 18.I.336 - 7.X.336.
Giulio I	(santo), romano, 6.II.337 - 12.IV.352.
Liberio	romano, 17.V.352 - 24.IX.366.
* **Felice II**	romano, 355 - 22.XI.365.
Damaso I	(santo), romano, 1.X.366 - 11.XII.384.
* **Ursino**	romano, 24.IX.366 - 367.
Siricio	(santo), romano, 15 o 22 o 29.XII.384 - 26.XI.399.
Anastasio I	(santo), romano, 27.XI.399 - 19.XII.401.
Innocenzo I	(santo), di Albano, 22.XII.401 - 12.III.417.
Zosimo	(santo), greco, 18.III.417 - 26.XII.418.
Bonifacio I	(santo), romano, 28.XII.418 - 4.IX.422.
* **Eulalio**	27.XII.418 - 3.IV.419.
Celestino I	(santo), campano, 10.IX.422 - 27.VII.432.
Sisto III	(santo), romano, 31.VII.432 - 19.VIII.440.
Leone I ***il Grande (Magno)***	(santo), della Tuscia, 29.IX.440 - 10.XI.461.
Ilaro	(santo), sardo, 19.XI.461 - 29.II.468.
Simplicio	(santo), di Tivoli, 3.III.468 - 10.III.483.
Felice III (II)	(santo), romano, 13.III.483 - 25.II o 1.III.492.
Gelasio I	(santo), africano, 1.III.492 - 21.XI.496.

Anastasio II	romano, 24.XI.496 - 19.XI.498.
Simmaco	(santo), sardo, 22.XI.498 - 19.VII.514.
* **Lorenzo**	22.XI.498 - 499 e 502 - 506.
Ormisda	(santo), di Frosinone, 20.VII.514 - 6.VIII.523.
Giovanni I	(santo), della Tuscia, 13.VIII.523 - 18.V.526.
Felice IV (III)	(santo), del Sannio, 12.VII.526 - 20 o 22.IX.530.
Bonifacio II	romano, 20 o 22.IX.530 - 17.X.532.
* **Dioscoro**	di Alessandria, 20 o 22.IX.530 - 14.X.530.
Giovanni II	romano, *Mercurio*, 31.XII.532 - 8.V.535.
Agapito I	(santo), romano, 13.V.535 - 22.IV.536.
Silverio	(santo), di Frosinone, 8.VI.536 - 537.
Vigilio	romano, 29.III.537 - 7.VI.555.
Pelagio I	romano, 16.IV.556 - 4.III.561.
Giovanni III	romano, *Catalino*, 17.VII.561 - 13.VII.574.
Benedetto I	romano, 2.VI.575 - 30.VII.579.
Pelagio II	romano, 26.XI.579 - 7.II.590.
Gregorio I ***il Grande (Magno)***	(santo), romano, 3.IX.590 - 12.III.604.
Sabiniano	di Blera, III.604 - 22.II.606.
Bonifacio III	romano, 19.II.607 - 10.XI.607.
Bonifacio IV	(santo), dei Marsi, 25.VIII.608 - 8.V.615.

Deusdedit o Adeodato I	(santo), romano, 19.X.615 - 8.XI.618.
Bonifacio V	di Napoli, 23.XII.619 - 23.X.625.
Onorio I	campano, 27.X.625 - 12.X.638.
Severino	romano, X.638 - 2.VIII.640.
Giovanni IV	dalmata, VIII.640 - 12.X.642.
Teodoro I	di Gerusalemme, 12.X.642 - 14.V.649.
Martino I	(santo), di Todi, 5.VII.649 - 16.IX.653.
Eugenio I	(santo), romano, 10.VIII.654 - 2.VI.657.
Vitaliano	(santo), di Segni, 30.VII.657 - 27.I.672.
Adeodato II	romano, 11.IV.672 - 16.VI.676.
Dono	romano, 2.XI.676 - 11.IV.678.
Agatone	(santo), siciliano, 27.VI.678 - 10.I.681.
Leone II	(santo), siciliano, I.681 - 3.VII.683.
Benedetto II	(santo), romano, 26.VI.684 - 8.V.685.
Giovanni V	siro, 23.VII.685 - 2.VIII.686.
Conone	di patria ignota, 23.X.686 - 21.IX.687.
* **Teodoro**	romano, 687.
* **Pasquale,**	romano, 687.
Sergio I	(santo), siro, 15.XII.687 - 7.IX.701.
Giovanni VI	greco, 30.X.701 - 11.I.705.
Giovanni VII	greco, 1.III.705 - 18.X.707.

Sisinnio	siro, 15.I.708 - 4.II.708.
Costantino	siro, 25.III.708 - 9.IV.715.
Gregorio II	(santo), romano, 19.V.715 - 11.II.731.
Gregorio III	(santo), siro, 18.III.731 - 28.XI.741.
Zaccaria	(santo), greco, 3.XII.741 - 15.III.752.
Stefano II	(III), romano, 26.III.752 - 26.IV.757.
Paolo I	(santo), romano, IV.757 - 28.VI.767.
* **Costantino**	di Nepi, 28.VI.767 - 30.VII.768.
* **Filippo**	romano, 31.VII.768.
Stefano III (IV)	siciliano, I.768 - 24.I.772.
Adriano I	romano, I.772 - 25.XII.795.
Leone III	(santo), romano, 26.XII.795 - 12.VI.816.
Stefano IV (V)	romano, 22.VI.816 - 24.I.817.
Pasquale I	(santo), romano, 25.I.817 - II.824.
Eugenio II	romano, II.824 - VIII.827.
Valentino	romano, VIII.827 - IX.827.
Gregorio IV	romano, IX.827 - 25.I.844.
* **Giovanni**	romano, 25.I.844.
Sergio II	romano, 25.I.844 - 27.I.847.
Leone IV	(santo), romano, I.847 - 17.VII.855.
Benedetto III	romano, VII.855 - 17.IV.858.
* **Anastasio** ***il Bibliotecario***	romano, 21.IX.855 - 878.

Niccolò I *il Grande*	(santo), romano, 24.IV.858 - 13.XI.867.
Adriano II	romano, 14.XII.867 - XI.872.
Giovanni VIII	romano, 14.XII.872 - 16.XII.882.
Marino I	di Gallese, XII.882 - 15.V.884.
Adriano III	(santo), romano, 17.V.884 - VIII o IX.885.
Stefano V (VI)	romano, IX.885 - 14.IX.891.
Formoso	vescovo di Porto, 6.X.891 - 4.IV.896.
Bonifacio V	romano, 11.IV.896 - 26.IV.896.
Stefano VI (VII)	romano, V o VI.896 - VII o VIII.897.
Romano	di Gallese, VII o VIII.897 - XI.897.
Teodoro II	romano, XII.897 - XII.897 o I.898.
Giovanni IX	di Tivoli, XII.897 o I.898 - I-V.900.
Benedetto IV	romano, 1-V.900 - VII.903.
Leone V	di Ardea, VII.903 - IX.903.
* **Cristoforo**	romano, IX.903 - I.904.
Sergio III	romano, 29.I.904 - 14.IV.911.
Anastasio III	romano, VI o IX.911 - VI o VIII o X.913
Landone	della Sabina, VII o XI.913 - III.914.
Giovanni X	di Tossignano, III o IV.914 - V o VI.928
Leone VI	romano, V o VI.928 - XII.928 o I.929.
Stefano VII (VIII)	romano, I.929 - II.931

GIOVANNI XI	romano, III.931 - I.936.
LEONE VII	romano, I.936 - 13.VII.939.
STEFANO VIII (IX)	romano, 14.VII.939 - X.942.
MARINO II	romano, 30.X.942 - V.946.
AGAPITO II	romano, 10.V.946 - XII.955.
GIOVANNI XII	*Ottaviano dei conti di Tuscolo*, 16.XII.955 - 14.V.963.
LEONE VIII	romano, 4.XII.963 - III.965.
BENEDETTO V	romano, V.964 - 4.VII.964 o 965.
GIOVANNI XIII	romano, 1.X.965 - 6.IX.972.
BENEDETTO VI	romano, XII.972 - VII.974.
* **BONIFACIO VII**	romano, *Francone*, VI.974 - VII-974 e VIII.984 - 20.VII.985.
BENEDETTO VII	romano, X.974 - 10.VII.983.
GIOVANNI XIV	di Pavia, *Pietro*, XI o XII.983 - 20.VIII.984.
GIOVANNI XV	romano, VIII.985 - III.996.
GREGORIO V	della Sassonia, *Brunone dei duchi di Carinzia*, 3.V.996 - II o III.999.
* **GIOVANNI XVI**	di Rossano, *Giovanni Filagato*, II o III.997 - V.998.
SILVESTRO II	dell'Aquitania, *Gerberto*, 2.IV.999 - 12.V.1003.
GIOVANNI XVII	romano, *Siccone*, 16.V.1003 - 6.XI.1003.
GIOVANNI XVIII	romano, *Fasano*, 25.XII.1003 - VI o VII.1009.

Sergio IV	romano, Pietro, 31.VII.1009 - 12.V.1012.
Benedetto VIII	*Teofilatto dei conti di Tuscolo*, 18.V.1012 - 9.IV.1024.
* **Gregorio**	romano, V.1012 - XII.1012.
Giovanni XIX	romano dei conti di Tuscolo, 19.IV.1024 - 1032.
Benedetto IX	*Teofilatto dei conti di Tuscolo,* VIII o IX.1032 - IX.1044.
Silvestro III	romano, *Giovanni*, 13 o 20.I.1045 - III.1045
Benedetto IX	(per la seconda volta), 10.III.1045 - 1.V.1045.
Gregorio VI	romano, *Giovanni Graziano*, 1.V.1045 - 20.XII.1046.
Clemente II	sassone*, Suitgero dei signori di Morsleben von Horneburg*, 24.XII.1046 - 9.X.1047.
Benedetto IX	(per la terza volta), X.1047 - VII.1048.
Damaso II	tirolese, *Poppone*, 17.VII.1048 - 9.VIII.1048.
Leone IX	(santo), alsaziano, *Brunone dei conti di Egisheim*, 2.II.1049 - 19.IV.1054.
Vittore II	svevo, *Gebeardo dei conti di Dollnstein-Hirschberg*, 13.IV.1055 - 28.VII.1057.
Stefano IX (X)	lorenese, *Federico dei duchi di Lorena*, 2.VIII.1057 - 29.III.1058.
* **Benedetto X**	romano, *Giovanni*, 5.IV.1058 - I.1059.
Niccolò II	borgognone, *Gerardo*, XII.1058 - 27.VII.1061
Alessandro II	di Baggio, *Anselmo*, 30.IX.1061 - 21.IV.1073

* **Onorio II**	veronese, *Cadalo*, 28.X.1061 - 31.V.1064
Gregorio VII	(santo), della Tuscia, *Ildebrando*, 22.IV.1073 - 25.V.1085.
* **Clemente III**	di Parma, *Wiberto*, 25.VI.1080 - 8.IX.1100.
Vittore III	(beato), di Benevento, *Dauferio*, 24.V.1086 - 16.IX.1087.
Urbano II	(beato), di Châtillon-sur-Marne, *Oddone di Lagery*, 12.III.1088 - 29.VII.1099.
Pasquale II	di Bleda o Galeata, *Raniero*, 13.VIII.1099 - 21.I.1118.
* **Teoderico**	vescovo di Albano, 1100.
* **Alberto**	vescovo di Sabina, 1101.
* **Silvestro IV**	romano, *Maginulfo*, 18.XI.1105 - 12 o 13.IV.1111.
Gelasio II	di Gaeta, *Giovanni Caetani*, 24.I.1118 - 28.I.1119.
* **Gregorio VIII**	francese, *Maurizio Burdino*, 10.III.1118 - 22.IV.1121.
Callisto II	borgognone, *Guido di Borgogna*, 2.II.1119 - 13 o 14.XII.1124.
Onorio II	di Fiagnano, *Lamberto Scannabecchi*, 15.XII.1124 - 13 o 14.II.1130.
* **Celestino II**	romano, *Tebaldo Buccapecus*, XII.1124.
Innocenzo II	romano, *Gregorio Papareschi*, 14.II.1130 - 24.IX.1143.
* **Anacleto II**	romano, *Pietro Pierleoni*, 14.II.1130 - 25.I.1138.

* **Vittore IV**	di Ceccano, *Gregorio*, III.1138 - 29.V.1138.
Celestino II	di Città di Castello, *Guido*, 26.IX.1143 - 8.III.1144.
Lucio II	bolognese, *Gerardo*, 12.III.1144 - 15.II.1145.
Eugenio III	(beato), di Pisa, *Bernardo*, 15.II.1145 - 8.VII.1153.
Anastasio IV	romano, *Corrado*, 12.VII.1153 - 3.XII.1154.
Adriano IV	di Abbot's Langley, *Nicola Breakspear*, 4.XII.1154 - 1.IX.1159.
Alessandro III	di Siena, *Rolando Bandinelli*, 7.IX.1159 - 30.VIII.1181.
* **Vittore IV**	di Montecelio, *Ottaviano dei signori di Monticelli*, 7.IX.1159 - 20.IV.1164.
* **Pasquale III**	di Crema, *Guido*, 22.IV.1164 - 20.IX.1168.
* **Callisto III**	*Giovanni abate di Strumi*, IX.1168 - 29.VIII.1178.
* **Innocenzo III**	di Sezze, *Lando*, 29.IX.1179 - I.1180.
Lucio III	lucchese, *Ubaldo Allucingoli*, I.1181 - 25.XI.1185.
Urbano III	milanese, *Uberto Crivelli*, 25.XI.1185 - 20.X.1187.
Gregorio VIII	di Benevento, *Alberto di Morra*, 21.X.1187 17.XII.1187.
Clemente III	romano, *Paolo Scolari*, 19.XII.1187 - III.1191
Celestino III	romano, *Giacinto Bobone*, 10.IV.1191 - 8.I.1198.

Innocenzo III	di Gavignano, *Lotario dei conti di Segni*, 8.I.1198 - 16.VII.1216.
Onorio III	romano, *Cencio*, 18.VII.1216 - 18.III.1227.
Gregorio IX	di Anagni, *Ugolino dei conti di Segni*, 19.III.1227 - 22.VIII.1241.
Celestino IV	milanese, *Goffredo da Castiglione*, 25.X.1241 - 10.XI.1241.
Innocenzo IV	di Lavagna, *Sinibaldo Fieschi*, 25.VI.1243 - 7.XII.1254.
Alessandro IV	di Ienne, *Rinaldo dei signori di Ienne*, 12.XII.1254 - 25.V.1261.
Urbano IV	di Troyes, *Giacomo Pantaléon*, 29.VIII.1261-2.X.1264.
Clemente IV	di Saint-Gilles, *Guido Foucois*, 5.II.1265 - 29.XI.1268.
Gregorio X	(beato), di Piacenza, *Tedaldo Visconti*, 1.IX.1271 - 10.I.1276.
Innocenzo V	(beato), savoiardo, *Pietro di Tarentaise*, 21.I.1276 - 22.VI.1276.
Adriano V	genovese, *Ottobono Fieschi*, 11.VII.1276 - 18.VIII.1276.
Giovanni XXI	di Lisbona, *Pietro di Giuliano* o *Pietro Ispano*, 16.IX.1276 - 20.V.1277.
Niccolò III	romano, *Giovanni Gaetano Orsini*, 25.XI.1277 - 22.VIII.1280.
Martino IV	francese, *Simone de Brie* o *di Brion* o *di Mainpincien*, 22.II.1281 - 29.III.1285.

Onorio IV	romano, *Giacomo Savelli*, 2.IV.1285 - 3.IV.1287.
Niccolò IV	di Lisciano, *Girolamo*, 22.II.1288 - 4.IV.1292.
Celestino V	(santo), molisano, *Pietro del Morrone*, 5.VII.1294 - 13.XII.1294.
Bonifacio VIII	di Anagni, *Benedetto Caetani*, 24.XII.1294 - 1.X.1303.
Benedetto XI	(beato), di Treviso, *Niccolò di Boccasio*, 22.X.1303 - 7.VII.1304.
Clemente V	di Villandraut, *Bertrando de Got*, 5.VI.1305 - 20.IV.1314.
Giovanni XXII	di Cahors, *Giacomo Duèse*, 7.VIII.1316 - 4.XII.1334.
* **Niccolò V**	di Corvaro, *Pietro Rinalducci* o *Rainalducci*, 12.V.1328 - 25.VIII.1330.
Benedetto XII	di Saverdun, *Giacomo Fournier*, 20.XII.1334 25.IV.1342.
Clemente VI	di Maumont, Pietro Roger, 7.V.1342 - 6.XII.1352.
Innocenzo VI	di Monts, *Stefano Aubert*, 18.XII.1352 - 12.IX.1362.
Urbano V	(beato), di Grizac, *Guglielmo Grimoard*, 28.IX.1362 - 19.XII.1370.
Gregorio XI	di Rosiers d'Égletons, *Pietro Roger de Beaufort*, 30.XII.1370 - 26.III.1378.
Urbano VI	di Napoli, *Bartolomeo Prignano*, 8.IV.1378 - 15.X.1389.

Bonifacio IX	di Napoli, *Pietro Tomacelli*, 2.XI.1389 - 1.X.1404.
Innocenzo VII	di Sulmona, *Cosma Migliorati*, 17.X.1404 - 6.XI.1406.
Gregorio XII	veneziano, *Angelo Correr*, 30.XI.1406 - 4.VII.1415.
* **Clemente VII**	di Ginevra, *Roberto dei conti del Genevois*, 20.IX.1378 - 16.IX.1394.
* **Benedetto XIII**	di Illueca, *Pietro Martinez de Luna*, 28.IX.1394 - 29.XI.1422 o 23.V.1423.
* **Alessandro V**	di Kare, *Pietro Filargis*, 26.VI.1409 - 3.V.1410.
* **Giovanni XXIII**	di Napoli, *Baldassarre Cossa*, 17.V.1410 - 29.V.1415.
Martino V	di Genazzano, *Oddone Colonna*, 11.XI.1417 - 20.II.1431.
Eugenio IV	veneziano, *Gabriele Condulmer*, 3.III.1431 - 23.II.1447.
* **Felice V**	di Chambéry, *Amedeo VIII duca di Savoia*, 5.XI.1439 - 7.IV.1449.
Niccolò V	di Sarzana, *Tommaso Parentucelli*, 6.III.1447 - 24.III.1455.
Callisto III	di Torre del Canals, *Alonso Borja*, 8.IV.1455 - 6.VIII.1458.
Pio II	di Corsignano, *Enea Silvio Piccolomini*, 19.VIII.1458 - 14.VIII.1464.
Paolo II	veneziano, *Pietro Barbo*, 30.VIII.1464 - 26.VII.1471.

Sisto IV	di Celle, *Francesco della Rovere*, 9.VIII.1471 - 12.VIII.1484.
Innocenzo VIII	genovese, *Giovanni Battista Cibo*, 29.VIII.1484 - 25.VII.1492.
Alessandro VI	di Játiva, *Rodrigo de Borja*, 11.VIII.1492 - 18.VIII.1503.
Pio III	di Siena, *Francesco Todeschini-Piccolomini*, 22.IX.1503 - 18.X.1503.
Giulio II	di Albisola, *Giuliano della Rovere*, 1.XI.1503 - 21.II.1513.
Leone X	fiorentino, *Giovanni de' Medici*, 11.III.1513 - 1.XII.1521.
Adriano VI	di Utrecht, *Adriano Florensz*, 9.I.1522 - 14.IX.1523.
Clemente VII	fiorentino, *Giulio de' Medici*, 19.XI.1523 - 25.IX.1534.
Paolo III	di Canino, *Alessandro Farnese*, 13.X.1534 - 10.XI.1549.
Giulio III	romano, *Giovanni Maria Ciocchi del Monte*, 7.II.1550 - 23.III.1555.
Marcello II	di Montefano, *Marcello Cervini*, 9.IV.1555 - 1.V.1555.
Paolo IV	di Capriglia, *Gian Pietro Carafa*, 23.V.1555 - 18.VIII.1559.
Pio IV	milanese, *Giovan Angelo Medici*, 26.XII.1559 - 9.XII.1565.
Pio V	(santo), di Bosco, *Antonio (Michele) Ghislieri*, 7.I.1566 - 1.V.1572.

Gregorio XIII bolognese, *Ugo Boncompagni*, 13.V.1572 - 10.IV.1585.

Sisto V di Grottammare, *Felice Peretti*, 24.IV.1585 - 27.VIII.1590.

Urbano VII romano, *Giambattista Castagna*, 15.IX.1590 - 27.IX.1590.

Gregorio XIV di Somma Lombarda, *Niccolò Sfondrati*, 5.XII.1590 - 16.X.1591.

Innocenzo IX bolognese, *Giovan Antonio Facchinetti*, 29.X.1591 - 30.XII.1591.

Clemente VIII di Fano, *Ippolito Aldobrandini*, 30.I.1592 - 3.III.1605.

Leone XI fiorentino, *Alessandro de' Medici*, 1.IV.1605 - 27.IV.1605.

Paolo V romano, *Camillo Borghese*, 16.V.1605 - 28.I.1621.

Gregorio XV bolognese, *Alessandro Ludovisi*, 9.II.1621 - 8.VII.1623.

Urbano VIII fiorentino, *Maffeo Barberini*, 6.VIII.1623 - 29.VII.1644.

Innocenzo X romano, *Giovanni Battista Pamphilj*, 15.IX.1644 - 7.I.1655.

Alessandro VII di Siena, *Fabio Chigi*, 7.IV.1655 - 22.V.1667.

Clemente IX di Pistoia, *Giulio Rospigliosi*, 20.VI.1667 9.XII.1669

Clemente X romano, *Emilio Altieri*, 29.IV.1670 - 22.VII.1676.

Innocenzo XI	(beato), di Como, *Benedetto Odescalchi*, 21.IX.1676 - 12.VIII.1689.
Alessandro VIII	veneziano, *Pietro Ottoboni*, 6.X.1689 - 1.II.1691.
Innocenzo XII	di Spinazzola, *Antonio Pignatelli*, 12.VII.1691 - 27.IX.1700.
Clemente XI	di Urbino, *Giovanni Francesco Albani*, 23.XI.1700 - 19.III.1721.
Innocenzo XIII	di Poli, *Michelangelo Conti*, 8.V.1721 - 7.III.1724.
Benedetto XIII	di Gravina, *Pietro Francesco (Vincenzo Maria) Orsini*, 29.V.1724 - 21.II.1730.
Clemente XII	fiorentino, *Lorenzo Corsini*, 12.VII.1730 - 6.II.1740.
Benedetto XIV	bolognese, *Prospero Lambertini*, 17.VIII.1740 - 3.V.1758.
Clemente XIII	veneziano, *Carlo Rezzonico*, 6.VII.1758 - 2.II.1769.
Clemente XIV	di Sant'Arcangelo di Romagna, *Giovanni Vincenzo Antonio Ganganelli*, 19.V.1769 - 22.IX.1774.
Pio VI	di Cesena, *Giannangelo Braschi*, 15.II.1775 - 29.VIII.1799.
Pio VII	di Cesena, *Barnaba (Gregorio) Chiaramonti*, 14.III.1800 - 20.VIII.1823
Leone XII	di Monticelli di Genga, *Annibale della Genga*, 28.IX.1823 - 10.II.1829.

PIO VIII	di Cingoli, *Francesco Saverio Castiglioni*, 31.III.1829 - 30.XI.1830.
GREGORIO XVI	di Belluno, *Bartolomeo Alberto Cappellari*, 2.II.1831 - 1.VI.1846.
PIO IX	(beato), di Senigallia, *Giovanni Maria Mastai Ferretti*, 16.VI.1846 - 7.II.1878.
LEONE XIII	di Carpineto Romano, *Vincenzo Gioacchino Pecci*, 20.II.1878 - 20.VII.1903.
PIO X	(santo), di Riese, *Giuseppe Melchiorre Sarto*, 4.VIII.1903 - 20.VIII.1914.
BENEDETTO XV	genovese, *Giacomo Della Chiesa*, 3.IX.1914 - 22.I.1922
PIO XI	di Desio, *Achille Ratti*, 6.II.1922 - 10.II.1939.
PIO XII	romano, *Eugenio Pacelli*, 2.III.1939 - 9.X.1958.
GIOVANNI XXIII	(beato), di Sotto il Monte, *Angelo Giuseppe Roncalli*, 28.X.1958 - 3.VI.1963.
PAOLO VI	di Concesio, *Giovanni Battista Montini*, 21.VI.1963 - 6.VIII.1978.
GIOVANNI PAOLO I	di Forno di Canale, *Albino Luciani*, 26.VIII.1978 - 28.IX.1978.
GIOVANNI PAOLO II	(beato), di Wadowice, *Karol Wojtyla*, 16.X.1978 - 2.IV.2005.
BENEDETTO XVI	di Marktl am Inn, *Joseph Ratzinger*, 19.IV.2005 - 28.II.2013.
FRANCESCO	argentino, *Jorge Mario Bergoglio*, 13.III.2013

BIBLIOGRAFIA CONSULTATA

Jorge Mario Bergoglio, *Reflexiones de esperanza*, Ediciones Universidad del Salvador, Buenos Aires 1992.

Jorge Mario Bergoglio, *Hambre y sed de justicia. Desafíos del Evangelio para nuestra patria*, Editorial Claretiana, Buenos Aires 2001.

Jorge Mario Bergoglio, *Educar: exigencia y pasión. Desafíos para educadores cristianos*, Editorial Claretiana, Buenos Aires 2003.

Jorge Mario Bergoglio, *Ponerse la patria al hombro*, Editorial Claretiana, Buenos Aires 2004.

Jorge Mario Bergoglio, *La nación por construir. Utopía, pensamiento y compromiso*, Editorial Claretiana, Buenos Aires 2005.

Jorge Mario Bergoglio - Abraham Skorka, *Sobre el cielo y la tierra*, Editorial Sudamericana, Buenos Aires 2010.

Sergio Rubin - Francesca Ambrogetti, *El jesuita. Conversaciones con el cardenal Jorge Bergoglio*, Ediciones B, Buenos Aires 2010.

INDICE

Finito di stampare nel mese di marzo 2013
presso Elcograf S.p.a, Cles - Trento
Printed in Italy